网络广告设计与制作

第二版

- 主　编　史晓燕　单春晓
- 副主编　李梦玲　李　凡　陈晓茜
　　　　 杜　平　梁　丹
- 参　编　李胜林　艾　青　程蓉洁
　　　　 毕　丹　陈逢华　杨　珺

"十二五"职业教育国家规划教材
经全国职业教育教材审定委员会审定

高职高专艺术学门类
"十四五"规划教材

职业教育改革成果教材

ART DESIGN

华中科技大学出版社
http://www.hustp.com
中国·武汉

内容简介

随着网络技术的发展,网络广告也随之发展起来,网络广告课程成为各大高校广告等专业的必修课程。但现有的网络广告专门教材很少,案例缺乏实践性,鲜有介绍设计商业化作品的内容。

本书包括理论篇、设计篇及制作篇三个部分,与多家企业及广告客户合作,以充分展现工学结合的特点。本书所有的项目案例均来自设计一线。根据课程的特点,本书从理论入手,以设计为基础,以实践案例为中心,让学生在充分体验网络广告的设计与制作的过程中,达到提高设计水平与制作水平的目的。

《网络广告设计与制作(第二版)》课件与素材(提取码 dnvk)

特别鸣谢

- 武汉玛雅动漫有限公司
- 海鳞科技有限公司
- 小白娘子手作店
- 点指唯峰传媒有限公司
- 娘子嘉木淘宝店

图书在版编目(CIP)数据

网络广告设计与制作/史晓燕,单春晓主编. —2版. —武汉:华中科技大学出版社,2020.7(2023.8重印)
高职高专艺术学门类"十四五"规划教材
ISBN 978-7-5680-6425-5

Ⅰ.①网… Ⅱ.①史… ②单… Ⅲ.①互联网络-广告设计-高等职业教育-教材 Ⅳ.①F713.8

中国版本图书馆 CIP 数据核字(2020)第 129575 号

网络广告设计与制作(第二版) 史晓燕 单春晓 主编
Wangluo Guanggao Sheji yu Zhizuo (Di-er Ban)

策划编辑:彭中军	
责任编辑:段亚萍	
封面设计:优 优	
责任监印:朱 玢	
出版发行:华中科技大学出版社(中国·武汉)	电话:(027)81321913
武汉市东湖新技术开发区华工科技园	邮编:430223
录 排:华中科技大学惠友文印中心	
印 刷:湖北新华印务有限公司	
开 本:880 mm×1230 mm 1/16	
印 张:8	
字 数:259千字	
版 次:2023年8月第2版第5次印刷	
定 价:49.00元	

本书若有印装质量问题,请向出版社营销中心调换
全国免费服务热线:400-6679-118 竭诚为您服务
版权所有 侵权必究

目录 Contents

第一篇　理论篇 ·· 1

　第一章　网络广告概述 ·· 3

　　第一节　网络广告基础 ·· 4
　　第二节　网络广告的形式与分类 ································ 9

　第二章　网络广告制作与发布 ··································· 16

　　第一节　网络广告的制作 ····································· 17
　　第二节　网络广告的发布 ····································· 22

　第三章　网络广告测评 ··· 26

第二篇　设计篇 ··· 31

　第四章　网络广告的创意设计 ··································· 33

　　第一节　网络广告的创意基础 ································· 34
　　第二节　网络广告的创意表现 ································· 38

　第五章　网络广告的版面设计 ··································· 50

　　第一节　网络广告的版面设计流程 ····························· 51
　　第二节　网络广告的构图类型 ································· 53

第三篇　制作篇 …… 59

第六章　静态网络广告的制作 …… 61

第一节　Photoshop 软件基础介绍 …… 62
第二节　项目案例一：冬季童装 5 折 …… 63
第三节　项目案例二：苹果配件半价"疯"抢 …… 68
第四节　项目案例三："双十一"年度狂欢盛典 …… 75
第五节　项目案例四：2014 汽车内饰网络广告 …… 79

第七章　网络动画广告的制作 …… 84

第一节　Flash 软件基础介绍 …… 85
第二节　项目案例一：维客多广告 …… 87
第三节　项目案例二：小白娘子手作店广告 …… 99
第四节　项目案例三：《腾龙战记》网游广告 …… 106
第五节　项目案例四：《闯堂兔 2》电影上映预告广告 …… 115

参考文献 …… 124

第一篇 理论篇

WANGLUO GUANGGAO SHEJI YU ZHIZUO

第一章
网络广告概述

> **课程内容**

本章主要介绍网络广告的产生和兴起、基本概念及构成要素,网络媒体的特点和网络广告的优势,网络广告的主要形式和一般分类。

> **知识目标**

学习网络广告的相关基础知识,掌握网络广告的一般概念、主要形式和分类,了解网络媒体的特点和网络广告的优势。

> **能力目标**

通过对网络广告相关知识的学习,熟悉现代网络媒体的主要技术优势,对网络广告的特点和发展历史有初步的认识,能够判断网络广告的基本类型,了解各类网络广告的传播和信息接收特点,为进一步学习打下理论基础。

第一节 网络广告基础

一、网络广告的产生和兴起

20世纪90年代,随着人类进入互联网时代,数字媒体成为继语言、文字和电子技术之后新的信息传播载体。数字媒体的发展极大地改变了人们的生活,同时也对传统的广告产生了深远的影响。

1994年10月27日是世界网络广告史上具有重要意义的一天。这一天,美国著名的Hotwired杂志推出了网络版的内容,并首次在网站上推出网络广告,网站主页上有AT&T(美国电报电话公司)等14家广告客户的网页广告。AT&T公司的广告语是"Have you ever clicked your mouse right HERE? → YOU WILL",如图1-1-1所示。

图1-1-1　AT&T公司的广告语

这标志着网络广告的诞生。此后,广告主和受众逐渐接受了这种新的广告形式。1999年第46届国际广告节将网络广告列为继平面广告、影视媒体广告之后的一种新的广告形式。全球互联网广告进入快速发展时期。

中国的网络广告开始于1997年3月,IBM、Intel等世界著名IT公司在ChinaByte.com上发布网络广告。其中IBM公司为宣传其新产品AS/400支付了3000美元的广告费。这是中国第一个网络广告,开创了中国互联网广告的历史。此后的两年时间里,许多跨国公司和国内企业开始意识到网络广告蕴藏的商机,中国的网络广告市场进入迅速增长期。

2004年至2005年,大批资金被投入到互联网产业,众多互联网公司开始赢利,网络广告市场进入井喷式增长期,平均年增长率在70%以上。2005年网络广告市场规模为31.3亿元,比上一年增长76.8%,超过杂志广告收入(18亿元),接近广播广告收入(34亿元),中国网络广告实现了跨越式发展。2006年至2007年中国网络广告市场继续保持快速增长势头,2007年与2006年相比收入增长了75%,网络广告市场呈现出稳步增长和异彩纷呈的特点。

中国主流媒介广告收入统计及预测如图1-1-2所示。2009年,中国广告市场互联网广告收入近200亿元,超越户外广告收入。2012年,中国网络广告收入迅速发展到420余亿元,超越报纸媒体,成为中国市场上第二大广告媒介。网络广告收入已是各网站的主要收入来源之一。在纳斯达克上市的几家中国网络门户公司中,网络广告收入占到总收入的50%以上,部分公司甚至达到70%以上。

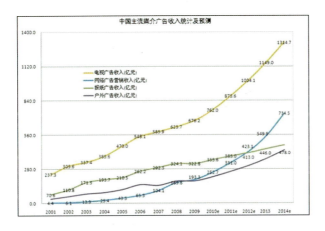

图1-1-2 中国主流媒介广告收入统计及预测

20多年来,以互联网为传播媒介的网络广告已成为最热门的广告形式,越来越多的广告主在广告预算上开始向网络广告倾斜。随着互联网在人们日常生活中的不断渗透,网络广告这块蛋糕将会越来越大。不少媒体人甚至喊出了"纸媒已死"的口号,迎接网络广告时代的到来。

二、网络广告的含义

网络广告是广告的一种。简单地说,网络广告就是在网络媒体上投放的广告。纽约时报网络广告如图1-1-3所示。在英语中,广告称为advertising,简称AD。网络广告一般被称为Net AD(internet advertising)。由于网站广告的盛行,大家也把Web AD这个词当作网络广告的代名词,在英文中称为network advertising或online advertising。

一般来说,网络广告的含义可以分广义的和狭义的两种。广义的网络广告指一切基于网络技术传播信息的过程与方法,包括公益性信息、企业的商品信息及企业自身的互联网域名、网站、网页等;狭义的网络广告是指可确认的广告主通过付费在互联网上发布和传播的,具有声音、文字、图像、影像和动画等多媒体元素,可供上网者观看和收听,并能进行交互式操作的商业信息的传播形式。

与一般商业广告一样,网络广告主要分企业形象广告和产品广告两大类,这两类广告都是为了产品促销——拉动终端销售这一根本目的。促销类网络广告如图 1-1-4 所示。

图 1-1-3　纽约时报网络广告

图 1-1-4　促销类网络广告

网络广告作为实施现代营销媒体战略的重要部分,其兴起和发展是与互联网的迅速发展,特别是电子商务的出现紧密联系在一起的。20 世纪 90 年代中期,国内一家电子商务运营商曾做过一次尝试:在封闭环境下提供一台联网计算机和有 3000 元的网上银行账户,选取 10 名志愿者在这一环境中生活 10 天时间,对挑战成功者给予 30 000 元奖励。结果是所有志愿者都在中途退出了挑战,理由很简单——他们在网上买不到任何东西,饿着肚子也无法生存。许多媒体报以冷嘲热讽,并说电子商务只是"看上去很美"。这一情景在网购快递满天飞的今天,是许多"宅男宅女"无法想象的。

电子商务的出现使传统经济贸易模式产生了深刻变化。2012 年 CCTV 中国经济年度人物颁奖盛典上,电子商务巨头马云与同台领奖的中国首富、商业地产大亨王健林在现场互相调侃。王健林和马云双方约定 10 年后,如果电子商务在中国零售市场份额占 50%,王健林将给马云一亿元,如果没到马云给王健林一亿元。马云有一段精彩的发言:真正创造价值的不是马云,而是你今天可能不会回头看的淘宝店小二,在街上不会点头的快递员,他们正在改变今天的中国经济。

三、网络广告的构成要素

与传统广告类似,网络广告的构成要素包括广告主、广告代理商、广告媒介、受众(消费者)和广告信息。

1. 广告主

《中华人民共和国广告法》中所称的广告主,是指为推销商品或者服务,自行或者委托他人设计、制作、发布广告的自然人、法人或者其他组织。

2. 广告代理商

网络广告代理商一般需满足几方面的条件:具有丰富的网站媒体资源;具有满足任何类型的客户对网站媒体选择上的灵活度;具备广告活动策划能力;拥有技术支持力量,为广告主提供优良制作和精确的监控;拥有完善的后勤团队,在广告的投放过程中实现无缝隙服务等。

3. 广告媒介

网络广告的广告媒介就是国际互联网络,网络上的一个个网站页面,就是网络广告的信息载体。

4. 受众

广告受众包括两层含义：一是通过媒体广告接触的人群，即广告的一般媒体受众；二是广告主的广告目标诉求对象，即广告的目标受众。

5. 广告信息

网络广告运作本质上是一种信息的传播活动，是一个信息采集、加工和传递的过程。从广告信息的表现手法上来说，网络广告可以集图文、声音、视频等元素于一体，借助多媒体技术，使广告信息图文声像并茂；从信息的容量来看，网络媒体所具有的海量存储能力使网络广告信息可以充分展示；从广告的传播形态来看，网络广告可以集信息发布、互动为一体，以互动为特色，构建广告信息的立体化、交互式传播格局。

四、网络媒体的特点

网络信息的制作与传播速度与传统媒体相比要快很多。印刷报纸要经过稿件的文字录入、图片扫描、计算机组版、激光照排、菲林制版、印刷等多个环节以及各种渠道才能将报纸送到读者手中；广播电视则要经过前期录制（拍摄）、后期制作、播出等环节。而网络信息可即时传播，没有较多中间环节，具有超常的反应和调整能力。

网络传播的信息传播面极其广泛。互联网已覆盖了世界上大多数国家，2012年全球互联网用户数达24亿，中国互联网上网人数达5.64亿人，其中宽带上网人数为5.30亿人，互联网普及率达42.1%。以互联网为载体，网络信息可以快速发布到世界各个角落。

网络传播具有极强的互动性。信息传播者与信息接收者的界限日益淡化。传统意义上的受众是无法及时反馈媒体信息的，而在互联网上，普通网民能自由地反馈和发表见解，成为信息的传播者。

网络传播打破传统信息传播"点到面"的格局，可以实现个人对个人、个人对多人、多人对多人、多人对个人传播。此外，网络传播还可以分为同步传播（如网上直播、网上聊天等）和异步传播（如大部分的网站新闻）。网络媒体传播方式的多选择性使受众在接收信息时，可以有更多的自主性。

五、网络广告的优势

1. 传播范围广

凭借国际互联网络，网络广告可以将信息24小时不间断地传播到世界的每一个角落。只要具备上网条件，任何人在任何地点、任何时间都可以接收信息。这是传统媒体广告所无法做到的。网络广告一经发布便会24小时循环播放，受众可以随时浏览，接收信息。

2. 具有交互性

电视、广播、印刷品或路边广告等形式的传统媒体广告，属于信息单向传播。它们必须抓住受众的视觉、听觉，将广告信息强行灌输到受众的头脑中，并试图让受众留下深刻印象。它们无法实现信息发送者和信息受众之间的即时互动交流，无法与消费者需求反应同步。而在网络广告的传播过程中，传播者和受众对广告信息的反应具有互动性,这是网络媒体最大的优势。通过链接,用户只需简单地点击鼠标,就可以从厂商的相关网站中得到更多、更翔实的信息。用户可以通过网络直接填写、提交在线表单或电子邮件及在线聊天软件反馈或交流信息,可以在网上预订、交易与结算,缩短了广告客户和用户之间的距离,增强了网络广告的实效。某汽车的交互式网络广告如图1-1-5所示。

3. 具有多维性

传统媒体多属于二维传播,信息传播方式单一。而网络广告是信息的多维传播,它将文字、图像、动画和声音等信息有机地组合在一起,传递多感官的信息,受众可以选择在线收听收看、试用等多种方式,能身临其境般地体验产品和服务。随着计算机技术的不断发展,可以预见不久的将来,借助虚拟现实等新技术,具有触感、动感甚至嗅感的网络广告信息也会出现在生活当中,增强网络广告的表现力和多维性。

4. 广告效果可跟踪、统计和衡量

传统广告业有句老话:"所有的广告主都知道自己一半的广告费被浪费了,但是不知道浪费在哪了。"传统媒体广告很难准确地知道有多少人接触到了这则广告信息,只能通过并不精确的收视率、发行量来估算广告的受众数量。而网络广告可以利用及时和精确的统计机制,通过浏览量、点击率等指标,权威、准确地统计出有多少受众看过某则广告,有多少人点击过某则广告,其中有多少人对发布的信息感兴趣,还可以进一步分析这些访客的主要分布区域,以及他们主要在何时对这些广告进行查询。这样就能方便广告主对广告的发布进行跟踪和统计,衡量、评估广告效果,为确定下一步广告发布策略提供依据。图1-1-6所示为某网站的网络广告投放效果分析报告。

图1-1-5 某汽车的交互式网络广告

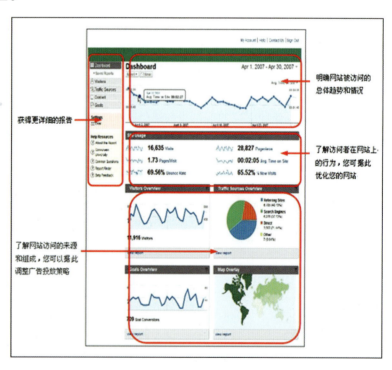

图1-1-6 某网络广告投放效果分析报告

5. 投放具有针对性

网络平台一般都能建立完整的用户数据库,包括用户的地域分布、年龄、性别、收入、职业、婚姻状况、爱

好等。这些资料可帮助广告主分析市场与受众,根据目标受众的特点,有针对性地进行广告设计、制作,并根据用户特点进行定点投放和跟踪分析,对投放效果做出客观准确的评价。

6. 制作成本低,速度快,更改方便

与报纸、杂志或电视广告相比,网络广告费用较为低廉。获得同等的广告效应,网络广告的CPM(cost per thousand impressions,即每千次展示费用)一般是报纸的1/5、电视的1/8。网络广告制作成本低,制作周期短,即使时间很短,也可以根据客户的需求很快完成并及时投放。而传统媒体广告制作成本相对较高,投放周期固定。在传统媒体上广告发布后很难更改,即使可以改动往往也需付出很大的经济代价。而在互联网上广告能够按照客户需要及时变更广告内容,包括增加新的信息、修改原有信息等,广告经营决策的变化就能及时实施。

7. 拥有最具活力的消费群体

根据资料统计,互联网用户70%以上集中在经济较为发达的地区,85.8%年龄在18岁到35岁之间,83%受过大学以上教育,64%的家庭人均月收入高于1000元。网络广告的目标群体是最具活力的消费群体,这一群体的消费总额往往大于其他消费层次之和。随着经济的发展,高等教育普及程度的提高和国家相关政策的调整,这一消费群体的范围还会继续扩大。

8. 受众关注度高

根据资料显示,广播、电视等传统媒体并不能集中观众全部的注意力,而网络受众多数在使用计算机时不做其他的事情,注意力更集中。因此,网络广告受众的关注度较传统媒体要好,广告投放更易见到成效。

第二节 网络广告的形式与分类

一、网络广告的主要形式

1. 网幅广告

网幅广告通常以GIF、JPG、Flash等文件格式创建,定位在网页中,用来表现广告内容,可使用Java等语言使其产生交互性,使用Shockwave等插件工具增强其表现力。网幅广告如图1-2-1所示。网幅广告是最早的网络广告形式,包含旗帜式、按钮式、通栏、竖边、巨幅等不同形式。

2. 文本链接广告

文本链接广告以纯文字作为点击对象,点击后进入相应的广告页面,是一种对浏览者干扰最少,但效果

较好的网络广告形式。文本链接广告如图 1-2-2 所示。

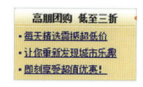 

图 1-2-1　网幅广告　　　　　　　　　　　　图 1-2-2　文本链接广告

3. 电子邮件广告

电子邮件广告是以订阅的方式将行业及产品信息通过电子邮件提供给所需要的用户,以此与用户建立信任关系。它可以针对具体某一个人发送特定的广告,为其他网络广告方式所不及。电子邮件广告如图 1-2-3 所示。

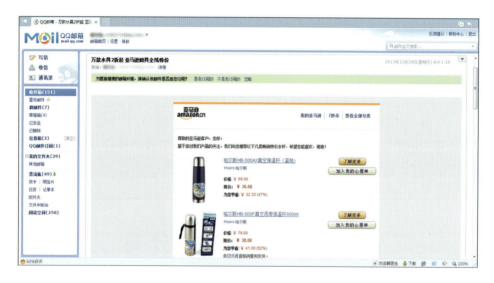

图 1-2-3　电子邮件广告

4. 视频广告

视频广告直接将广告客户提供的电视广告转成网络格式,并在指定页面实现在线播放,如图 1-2-4 所示。

5. 即时通信广告

即时通信广告即利用互联网即时聊天工具进行推广宣传的广告方式。即时通信广告具有较强的交互性、即时性,有着极高的使用率。即时通信广告如图 1-2-5 所示。

6. BBS 广告

BBS 广告指利用论坛等网络交流平台,以文字、图片、视频等形式发布广告企业的产品和服务信息,让

图 1-2-4　视频广告

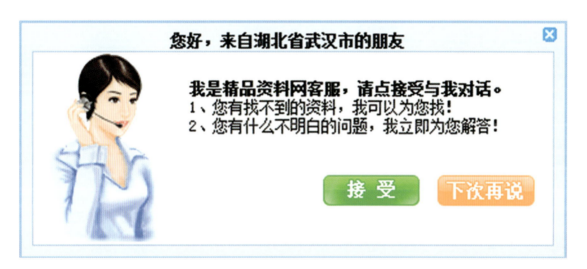

图 1-2-5　即时通信广告

目标客户获知和了解相关信息,最终达到企业宣传广告的目的。

7. Rich Media(富媒体)广告

Rich Media(富媒体)广告指使用浏览器插件或其他脚本语言、Java 语言等编写的具有复杂视觉效果和交互功能的网络广告。这些效果的使用是否有效,一方面取决于站点的服务器端设置,另一方面取决于访问者的浏览器是否能查看。一般而言,Rich Media 广告能表现更多、更精彩的广告内容,自身通过程序语言设计就可以实现游戏、调查、竞赛等相对复杂的用户交互功能,为广告主与受众之间搭建一个沟通交流的平台。富媒体广告如图 1-2-6 所示。

8. EDM

EDM(E-mail direct marketing,电子邮件营销)是商业信函的网络延伸版,指通过电子邮件的方式,将企业产品、活动信息等向目标用户群发布及派发礼品、调查问卷,并及时获得目标客户的反馈信息。EDM 如图 1-2-7 所示。

图 1-2-6 富媒体广告

图 1-2-7 EDM

9. 定向广告

定向广告指网络服务商利用网络追踪技术(如 Cookie)搜集整理用户信息,按年龄、性别、职业、爱好、收入、地域分类储存用户的 IP 地址,然后利用网络广告配送技术,向不同类别的用户发送内容不同的广告。定向广告可以精确定位广告受众,提高广告效果。

二、网络广告的一般分类

根据不同的划分标准,网络广告可以有多种分类方法。

1. 根据操作方法分类

按照网络受众对网络广告的操作方式,网络广告可分为点击式广告、展示式广告、投递式广告。

(1)点击式广告,指通过点击网页上的按钮或图片进入相应页面的网络广告。按钮广告、旗帜广告等都属于此类。

(2)展示式广告,指广告自身只传递信息而不提供进一步交互操作页面的网络广告。展示式广告常常以一个企业的 VI 形象作为广告内容主题。

(3)投递式广告,是网络广告的一种特殊形式,它不出现在网站的主要页面上,而以电子邮件或信息通知的方式传递给受众,节假日也常常以贺卡的方式出现。在未经受众允许的情况下进行,有时容易引起网民的反感和抵触。

2. 根据表现形式分类

根据表现形式,网络广告可以分为文字广告、图片广告和动画广告。

(1)文字广告,以超链接的文字形式出现的广告,一般放在网站和栏目的首页。

(2)图片广告,以图片作为主要的形式来表现其广告内容,这种广告比文字广告更吸引人,文件较大,是普遍采用的网络广告形式。

(3)动画广告,网络广告最主要的表现形式。随着网络条件的改善,特别是当人们对网络广告的态度从重视点击转变为重视观看之后,以矢量动画技术为基础的动画广告开始成为网络广告的主流。在计算机屏幕上,动画比图片要生动得多,也更容易吸引上网者的注意。随着网络媒体技术的进步,已经可以在文件很小的情况下展现效果丰富的画面。近年流行的大屏幕广告,也是以这种动画技术为基础进行制作的。动画广告如图 1-2-8 所示。

图 1-2-8　动画广告

3. 根据形态特点分类

根据形态特点,网络广告可分为静态网幅广告、动态网幅广告和交互式网幅广告等不同类型。

(1)静态网幅广告,指网页上呈静止状态显示的图片广告,是早年网络广告常用的一种方式。其优点是制作简单,其缺点是与众多采用新技术制作的网幅广告比较,略显呆板和单调。

(2)动态网幅广告,通常采用 GIF 图片格式,将一连串图像连贯起来形成动画。多数动态网幅广告由 2 到 20 帧画面组成。通过不同的画面,可以传递给浏览者更多的信息,加深浏览者的印象,其点击率也较高。动态网幅广告制作简单,尺寸较小,是普遍采用的网络广告形式。动态网幅广告如图 1-2-9 所示。

(3)交互式网幅广告,形式多样,如游戏、插播式、问卷、下拉菜单、表单等。交互式网幅广告允许浏览者在广告中填入数据或通过下拉菜单和选择框进行选择,比单纯的点击包含更多的内容。广告的尺寸小、兼容性好,连接速率低的用户和使用低版本浏览器的用户也能看到。

4. 根据网络广告相对网页位置分类

根据网络广告相对网页位置,网络广告可以分为静态式广告、游动式广告和弹出式广告。

(1)静态式广告,指内嵌在网页上的固定位置的广告,是一种传统的网络广告形式。它的表达方式单一,只能被动地显示,较难吸引上网者点击观看。

图 1-2-9　动态网幅广告

(2)游动式广告,根据设计线路在显示屏幕游走的网络广告形式。同传统的静态式广告相比,游动式广告表现形式多样,更具主动性,能够吸引上网者注意和点击。游动式广告如图 1-2-10 所示。

(3)弹出式广告,是指在打开一个页面时自动弹出的网络广告形式。它比静态式广告更能吸引网民点击,但是具有强迫性,而且会对受众造成干扰,频繁使用往往会使受众产生逆反心理,不宜过多采用。弹出式广告如图 1-2-11 所示。

图 1-2-10　游动式广告

图 1-2-11　弹出式广告

5. 根据广告尺寸分类

根据广告尺寸,网络广告可以分为按钮式(button)广告、旗帜式(banner)广告和大屏幕广告。

(1)按钮式广告,一般不超过 100 像素×100 像素,由于面积小,所以在网站上的数量最多,价格也较低,是广告用户广泛接受的网络广告形式。按钮式广告如图 1-2-12 所示。

(2)旗帜式广告,一般为 468 像素×60 像素,深受广告客户欢迎,是最普遍采用的一种网络广告形式。旗帜式广告如图 1-2-13 所示。

(3)大屏幕广告。美国互联网广告联合会(IAB)于 2001 年 2 月公布了一系列新的在线广告规定,在这一规定中,突破了对网络广告大小的限制,大胆地推出了各种尺寸的广告,最大达到了 160 像素×600 像素,远远超过了传统旗帜式广告 468 像素×60 像素的规定。现在流行的大屏幕广告完全突破了原有的广告尺寸大小的限制,内嵌在文章里的广告几乎占了页面的 1/4 大小,而通栏广告则横贯了整个页面,具有较强的视觉冲击力。

图 1-2-12　按钮式广告

图 1-2-13　旗帜式广告

WANGLUO GUANGGAO SHEJI YU ZHIZUO

第二章
网络广告制作与发布

> 课 程 内 容

本章主要介绍网络广告的制作和网络广告的发布。

> 知 识 目 标

学习网络广告制作的各个主要环节,包括广告主题确定、广告素材搜集、网络广告策划和网络广告创意;了解网络广告发布的基本要素、发布流程、相关工作和发布途径。

> 能 力 目 标

通过相关知识的学习,掌握网络广告制作的一般方法和要求,掌握网络广告策划、网络广告创意等重要环节的概念和指导原则,能初步运用网络广告制作的规律性知识和一般策略对网络广告进行研究分析,熟悉掌握网络广告发布的基本流程和相关工作。

第一节
网络广告的制作

与传统广告类似,网络广告的制作一般包括广告主题确定、广告素材搜集、网络广告策划、网络广告创意等几个主要环节。因网络媒体的特性,网络广告的制作有其自身的特点。

一、广告主题确定

网络广告主题是广告的中心思想,是广告内容和目的的集中体现和概括,是广告诉求的基本点、广告创意的基石。广告主题在广告的整个运作过程中处于统帅和主导地位,使广告的各种要素有机地组合成一则完整的网络广告作品。

网络广告的主题确定是指广告主通过网络广告活动将其企业品牌、产品或服务在消费者心目中确定目标位置的过程。确定网络广告的主题是解决"说什么"的问题,是网络广告的根本出发点。要确定网络广告的主题,必须围绕广告目标、信息个性和消费心理这几个基本要素,注重对网络受众这一目标群体的细分和定位,要根据不同特点的客户群体的需求和爱好,结合广告主或企业提供的产品、服务的特点。一般而言,确定网络广告主题应该凸显以下特性。

1)鲜明性

网络广告主题的鲜明性是指网络广告的主题要明晰,要宣传什么、突出什么,这些都要十分清楚明白。网络广告主题创意同样遵循传统广告的一般原则:观点明确、概念清晰、重点突出,鲜明地表达宣传意图。成功的网络广告主题创意一般结构简单,目标对象集中、准确,重点突出地表达销售理念。(见图2-1-1)

2)创新性

网络广告主题的创新性是指表达主题的形式应具有新颖性或独特性,有出奇制胜的效果。网络广告已经具备了个性化、独创性的技术手段,比如网络交互技术等。与其他广告形式相比,网络广告应当充分利用技术手段来着力表现主题的创新手法。网络广告主题的创新性,要求网络广告制作者要从多维度的视角去观察问题、发现问题,认识并理解广告的主要诉求,结合网络技术和广告艺术的创作原则,确定表达形式。

3)思想性

在平凡的生活细节中寻求情感诉求点,具有一定的思想价值和生活哲理,增强网络广告的感染力,提升其审美价值,寻找与受众思想的交汇点,在一定思想深度和感情深度上与受众产生共鸣,打动广告受众。(见图2-1-2)

图 2-1-1　网络广告一

图 2-1-2　网络广告二

二、网络广告策划

(一)网络广告策划的概念

网络广告策划是指对网络广告活动的整体战略与策略的运筹规划。根据广告主的营销计划和广告目标,在市场调查的基础上,制订一个与市场环境、产品特性、消费者群体特征相适应的广告计划、方案。它是对整个广告活动的组织安排,包括广告目标制订、战略战术研究、经费预算、广告方案设计及广告发布形式、广告发布时间和地点的确定等各个具体环节。

(二)网络广告策划的原则

1. 前瞻性原则

网络广告策划是广告方案发布前的准备,是具体广告方案的计划和安排,是对广告活动的各个环节如制作、发布、实施等进行的事前"演练"。有效的广告策划来自广告设计者具有前瞻性的对各种可预见因素的充分估计和种种周密布置、应对。(见图2-1-3)

2. 系统性原则

广告活动的特点之一即它是系统性、全局性的活动,即使是一个简单的广告,也与整个广告业务活动及

图 2-1-3 网络广告三

企业的实体运作相关联。个体反映全局,企业的产品特点、文化特色等都能在广告中集中反映和体现。在进行广告策划时也必须应用系统性原则,整体考虑企业及与企业相关联的所有信息,全面、整体、系统规划。系统性原则包括:系统规划广告活动的各个环节和营销目标、广告目标;系列广告体现系统一致的产品形象和企业形象;广告活动的各个环节在实施中要遵循系统的流程部署;广告所选用的媒体要系统考虑,媒体之间要做到有序组合、优势互补,不能互相抵触、互相矛盾,既不浪费也不要空缺;广告与销售渠道要做到系统协调一致,不能出现产品投放滞后或者广告发布滞后的情况等。(见图 2-1-4)

图 2-1-4 网络广告四

3. 操作性原则

广告策划的过程就是为广告的具体制作、实施提供指导,以此作为后继操作依据。广告策划的一项重要任务就是对网络广告的各个环节如广告创意、广告制作、广告发布、媒介选择等进行指导性的取舍修正,为整个广告活动提供具体的实施依据和操作标准。否则,各个环节会失去方向和依据,难以保质完成,最终的广告自然形神分离,难以达到广告效果。

4. 调适性原则

广告策划既有系统性原则,又在整个广告策划和广告活动中遵循调适性原则。在整体执行过程中具有一定的弹性和灵活性,与复杂多变的市场环境和现实情况保持调适性,达到最佳适应状态。调适性原则包括:广告对象发生变化,目标群体与策划中的拟定目标群体不符时,需要及时修正策划方案;广告创意不佳,不能很好地实现广告目标时,需要适当修正策划方案,以达到预设效果;当计划拟定的广告发布时机、发布地域、发布方式、发布媒体等选择不恰当或出现新情况时,也需根据实际情况加以调整。

5. 创新性原则

创新是广告的生命力,对网络广告来说,创新性更为重要。在庞大的互联网信息海洋中,只有创新才能使广告更容易受到目标消费者的关注,才能达到广告目的。网络广告必须出奇制胜,在创新性上想办法,寻求独特的广告语言、广告表现形式。网络广告策划的创新性不仅体现在广告主题和实施过程的各个主要环节中,而且表现在网络广告的文字、图像、色彩等具体的实现细节中。

6. 经济性原则

网络广告策划必须以经济效益为核心。网络广告策划的经济效益指策划所带来的经济收益与策划方案实施成本之间的比率。成功的网络广告策划,是在策划方案实施成本既定的前提下取得最大化的经济收益,或花费最小的策划方案实施成本取得目标经济收益。网络广告策划在经济性方面的考虑尤为重要,必须准确地核定广告发布后预计消耗的资金,合理部署广告实施的各个流程和环节。

(三)网络广告策划的内容

网络广告策划内容主要包括如下几个方面。

1. 市场分析

1)营销环境分析

分析营销环境中的宏观和微观制约因素,如目标市场所处区域的总体经济形势、总体消费实力,产品所属产业的发展政策和趋势;目标市场经济、法律环境;目标市场的文化背景;目标市场的规模、构成及特性等。(见图 2-1-5 和图 2-1-6)

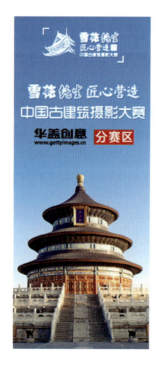

图 2-1-5　网络广告五

图 2-1-6　网络广告六

2)消费者分析

消费者分析主要包括目标消费群体的总量、购买力、偏好和公司、产品及竞争对手在消费者心目中的形象分析。具体包括:消费者总体消费态势分析;现有消费群体构成,如消费者总量、年龄、职业、收入、受教育程度、分布、上网浏览规律分析;现有消费者消费行为、态度分析;潜在消费者分析,包括潜在消费者总量、年龄、职业、收入、受教育程度、购买行为和被本品牌吸引的可能性分析等。

3)产品分析

产品分析包括:产品的性能、质量、价格、材质、生产工艺、外观和包装、与同类产品的比较等分析;产品生命周期分析;产品的品牌形象分析;产品的定位分析等。

4）企业与竞争对手分析

企业与竞争对手分析包括：企业在市场竞争中所处的地位，如市场占有率、消费者认可度、企业自身的资源和目标分析；竞争对手基本情况、竞争对手的优势与劣势、竞争对手的策略分析；企业与竞争对手的比较分析等。

5）企业与竞争对手的广告分析

企业与竞争对手的广告分析包括：企业与竞争对手以往的广告活动概况、投入费用、启动时间、广告主要内容等方面的分析；企业与竞争对手以往的广告目标市场策略、广告诉求策略、广告表现策略、广告媒介策略、产品定位策略、广告效果分析等。（见图2-1-7和图2-1-8）

图2-1-7　网络广告七

图2-1-8　网络广告八

2. 广告策略

1）广告目标

广告目标包括：企业提出的目标，根据市场情况可以达到的目标，对广告目标的定位描述。

2）目标市场策略

目标市场策略包括：企业原来面对的市场情况，企业原有市场观点及评价，市场细分的标准、特性、评估，对企业最有价值的细分市场。

3）产品定位策略

产品定位策略包括：对企业以往的产品定位策略的分析和评价，新产品定位的依据、优势，从消费者需求的角度、产品竞争的角度、营销效果的角度进行分析和表述。

4）广告诉求策略

广告诉求策略包括：广告的诉求对象及其特性和需求，广告的诉求重点，广告诉求方法策略，诉求方法的依据和表述。

5）广告表现策略

广告表现策略包括：广告主题策略，广告主题的依据和表述，广告创意策略，广告创意的核心内容和设计说明，广告表现的风格，各种媒介的广告表现。

6）广告媒介策略

广告媒介策略包括：媒介策略的总体表述，所选广告载体和网站类型策略，广告在网站中发布位置和发布形式策略，广告发布时机策略，广告发布频率策略，媒介组合策略。

3. 广告计划

广告计划包括：广告目标，广告时间，广告的目标市场和诉求对象，广告的诉求重点，广告的表现主题和创意，广告的表现方案（平面、文案、动画、音像），广告发布的规格和形式，广告发布的计划（发布广告的网站及网页、广告发布的排期表），广告费用预算等。确定广告费用预算先要确定整体促销预算，再确定用于网络广告的预算。整体促销预算可以运用量入为出法、销售百分比法、竞争对等法和目标任务法来确定，网络广告的预算可以依据所要达到的目标来确定。

4. 广告效果预测和监控

广告效果预测和监控包括：广告的发布效果预测，广告主题、创意、文案、成品测试，广告媒介发布监控，广告效果测定。

第二节 网络广告的发布

一、网络广告发布的要求

网络广告发布的要求指网络广告发布前对其内容和组件、运行属性、定位等各方面的形式要求。

1. 广告内容要求

《中华人民共和国广告法》规定：广告应当真实、合法，以健康的表现形式表达广告内容，符合社会主义精神文明建设和弘扬中华民族优秀传统文化的要求。广告不得含有虚假或者引人误解的内容，不得欺骗、误导消费者。广告主、广告经营者、广告发布者从事广告活动，应当遵守法律、法规，诚实信用，公平竞争。当然，各类广告法规中还有很多、很详尽的约定与规范。

2. 广告组件要求

网络广告的播放形式基本分为视窗、浮层、超载、推移、扩展、特殊、插播等几大类，广告组件是网络广告的具体组成部分，一般应包括主画面、辅助画面、前导图等。

3. 运行属性要求

运行属性要求即网络广告运行中涉及的各种素材属性要求，包括尺寸、容量、文件格式、功能按钮、帧率、时长和透明度等。

4.广告定位要求

广告定位要求指网络广告播放时的具体位置要求,主要包括广告位、悬浮移动特性、页面定位参照等。

二、网络广告发布的流程和相关工作

(一)网络广告发布的基本要素

网络广告发布主要涉及三方,即广告主/代理商、媒体(网站)、技术提供商,发布过程由三方互相协作完成。网络广告发布过程中需要涉及的基本要素主要包括排期表/投放单、素材、链接地址。

(1)排期表/投放单:广告主发布广告的具体计划安排,是广告发布所必需的基本信息。排期表/投放单经过媒体确认后,将以投放单的形式固定下来。无论是与广告主确认的排期表,还是与媒体确认的投放单,均包含以下主要内容:广告位、广告形式、发布方式、定向方式、发布档期。

①广告位(AD position):又称为广告版位,即广告在页面或计算机屏幕上的具体位置。一个网站的某一个频道或客户端可包含多个广告位。广告位可以单独使用,也可以多个结合使用。常见的富媒体广告位包括视窗、浮层、固定浮层、固定广告位(通栏、画中画等)、浮动广告位(浮标、对联等)及其他特殊广告位。广告位可以用名称、说明、"URL+截图"和尺寸来定义,基本属性包括尺寸和容量信息。尺寸通常以宽×高表示,单位为像素。容量通常用 KB 或 MB 作单位,其最小的基本单位是字节(byte,一般简写为"B"),其换算为 1 KB=1024 B,1 MB=1024 KB。(见图 2-2-1)

图 2-2-1 网络广告九

②广告形式:根据广告的不同呈现方式,网络广告会表现出不同的形式,如富媒体广告中的视频类广告有标准的视频形式、画中画形式、产品外形形式、焦点视频形式等;扩展类广告有下拉扩展、上升扩展、撕页扩展、扩展视频及自定义扩展等;浮层类广告有消失型(包含全屏尺寸)、重播型等。

③发布方式:由于营销方式不同,网络广告会产生不同的发布方式,主要有按天发布、轮播、CPM(千人发布成本)控量、CPC(千人点击成本)控量等。

④定向方式:根据广告主对广告发布的精准度要求,广告可按关键词、地域、行为等不同方式进行定向的发布。这是网络广告相比于传统广告所具有的一大优势。网络广告将精准发布变为可能,为广告主低成本、高效率地寻找到目标受众。

⑤发布档期:即发布的具体日期。根据不同的广告位,每日广告播放的起止时间也有差异。一般常见时段为早上 9:00 到次日早上 9:00 及 0:00 至次日 0:00 两种,也有个别不满 24 小时的发布时段,例如某些网站的浮层广告发布时段为每日 9:00 至 13:00。

(2)素材:特指广告主需要发布的具体广告内容,一般指平面或动画创意作品,也可能是原始的平面、视频、音频文件素材。这些素材供广告代理商进行加工处理或者进一步提升创意,完成广告样片(demo)的制作。

(3)链接地址:广告主希望用户通过点击广告后到达的页面地址。网页链接地址可以是广告主的站点,也可以是相关广告活动或产品的新闻页面。有些广告代理商为了便于监测和统计,会在客户的链接地址前加上一串第三方统计的监测代码。

(二)网络广告发布的相关工作

在广告主对媒介 demo 提案认可并经过媒体审核后,网络广告进入发布环节,这一环节涉及媒体购买、上线技术处理、效果评估和后续建议等相关工作。

(1)媒体购买:网络广告要实现最终的展示,必须依托于网络媒体的网站页面,因此网站广告位购买成为网络广告发布的关键工作之一。目前网络广告的媒体购买方式主要有以下几种。

①直接购买网站广告位。目前国内各大门户网站都已明确给出广告位信息,以备各企业和广告代理商直接洽谈购买。

②按照千人发布成本购买网站相应频道或页面。针对一些特殊的网络广告形式,可与网站协商 CPM 价格,购买整个网站或某个栏目,依据统计数据在发布结束后核算媒体成本。(见图 2-2-2)

图 2-2-2 网络广告十

③买断媒体广告位,指买断某一个媒体广告位至少一年时间,在购买期限内,该广告位只用于购买者的网络广告发布。

(2)上线技术处理:由于众多网络广告采取加载动画、声音、视频影像等大容量信息的广告形式,广告信息量不断增加,因此在广告发布过程中需要采取特殊的压缩及加载技术。目前的网络技术可以做到在普通网速下快速加载和清晰、流畅地播放大容量的网络影音广告,以保证网络受众对网络广告的浏览体验。同时,不同形式的网络广告需要不同的监测代码提供服务。由于广告形式多样,也需要不同的数据标准对应。(见图 2-2-3)

图 2-2-3 网络广告十一

(3)效果评估:作为网络营销的一个重要组成部分,网络广告发布在排期上的结束并不意味着营销活动的结束,在一个特定的网络广告营销结束后,需要根据后台的统计数据进行全面、详细的效果评估,主要包括如下内容。

①发布情况概述:从发布费用、时间、网站栏目、广告形式等方面对本次发布活动进行整体概述。

②发布费用分析:根据统计数据,直观反映广告费用在发布期内的分配情况。

③媒介表现效果:包括网站、栏目费用分配情况,网站、栏目日均曝光量情况,网站、栏目平均点击率情况。

④广告形式效果:包括所有广告发布形式的费用分配、日均曝光量情况、平均点击率等。

⑤广告关键词效果:匹配广告的关键词表现,包括各种关键词曝光率和点击率。

(4)后续建议:对整个广告发布情况进行全面分析之后,对广告主的后续发布提出参考性建议,包括:本次发布活动对于实现营销目标所发挥的积极效果,媒体组合、广告形式是否适当,发布时间是否合适,费用分配是否合理,改进措施等。

三、网络广告发布的途径

网络广告发布有较多的途径和方式,各有优势,广告主应根据自身情况和网络广告的目标定位,选择适合的网络广告发布途径和方式。

(1)企业主页:企业形象和产品的良好宣传工具。从长期发展看,企业主页也会像企业的地址、名称、电话一样,是独有的,是公司的标识,是公司的无形资产。

(2)网络内容服务商:如新浪、搜狐、网易等,它们提供了大量的互联网用户感兴趣并需要的免费信息服务,包括新闻、评论、生活、财经等各方面内容,是网上较为引人注目的站点。这样的网站是网络广告发布的主要阵地。

(3)专业销售网:一种专业类产品在互联网上进行集中销售的方式。访问这样的网站,消费者只要在一张表单中填上所需商品的类型、型号、制造商、价位等信息,然后搜索就可以得到所需要商品的各种细节资料。

(4)企业名录:由互联网服务商或政府机构将一部分企业信息融入主页中。如香港商业发展委员会的主页中就包括汽车代理商、汽车配件商的名录,只要用户感兴趣,就可以通过链接进入相关企业的主页。

(5)免费 E-mail 服务:在互联网上有许多服务商提供免费的 E-mail 服务,利用这一服务,能够帮助企业将广告主动发布至使用免费 E-mail 服务的用户手中。

(6)黄页:在互联网上有部分专门查询检索服务的网站,如 Yahoo!、Infoseek、Excite 等。这些站点就如电话黄页一样,按类别划分,便于用户进行站点的查询。在黄页上发布广告的优点是:针对性强,查询过程以关键字区分;处于页面的明显位置,醒目,易于被查询者注意,是用户浏览的首选。

(7)网络报纸或网络杂志:随着互联网的发展,国内外一些著名的报纸和杂志纷纷在网络上建立自己的主页,更有一些新兴的报纸或杂志,放弃了传统的"纸"媒体,完完全全地成为一种"网络报纸"或"网络杂志",访问的人数不断上升。对企业来说,在这些网络报纸或杂志上做广告,也是一个较好的传播渠道。

(8)新闻组:人人都可以订阅的一种互联网服务形式,阅读者可成为新闻组的一员。成员可以在新闻组上阅读大量的公告,也可以发表自己的公告,或者回复他人的公告。新闻组是一种很好的讨论和分享信息的方式。广告主可以选择与本企业产品相关的新闻组发布广告,这是一种非常有效的网络广告传播渠道。

WANGLUO GUANGGAO SHEJI YU ZHIZUO

第三章
网络广告测评

> 课 程 内 容

本章主要介绍网络广告的测评。

> 知 识 目 标

学习网络广告测评的概念,了解网络广告测评的特点,掌握网络广告测评的常用指标和一般方法。

> 能 力 目 标

通过相关知识学习,掌握网络广告测评的一般方法,能够针对用户需求运用相应测评指标,提出相应的网络广告测评方案。

网络广告测评有助于广告客户了解网络广告的实效或受众的需求,进而以更优的产品、更好的服务来吸引目标受众,是广告活动中极为重要的一环。

一、网络广告测评的概念

网络广告测评具体指对网络广告传播效果的测评。网络广告活动实施以后,根据一定的方法和指标,采用一定的操作程序,通过对广告活动过程的分析、评价,进行确定的量化测算,以检验广告活动是否取得预期效果。广告主通常追求性价比高的投入,希望通过网络广告达到尽可能高的收益,因此网络广告测评在网络商务活动中越来越受到重视。

二、网络广告测评的特点

由于网络广告平台的技术成熟和可控,网络广告的测评具有可操作性。网络广告测评具备技术上的优势,有效克服了传统媒体在测评方面的不足。网络广告测评的主要特点如下。

1. 及时

网络的交互性使得上网者(现实消费者或潜在消费者)可以在浏览访问广告站点时直接在线提交意见、反馈信息,能够在线发送 E-mail 或是利用邮件列表发送信息,提供反馈。广告主则可以立即了解到广告信息的传播效果和受众的看法,在更短的时间内了解受众需求,并与之进行交流。这种优势使得网络广告测评不仅及时而且直观。

2. 客观

网络广告测评不需要更多人员参与访问,避免了调查者主观意向对被调查者产生影响,因而得到的反馈结果更符合被调查者本身的感受,信息更可靠、更客观。

3. 广泛

网络广告测评能够在网上大面积展开,参与调查的样本数量大,针对性强,测评结果的正确性与准确性大大提高。

4. 经济

相对于传统媒体而言,网络广告测评成本低,耗费的人力物力少,费用最低,这是网络广告测评的最大优势。

三、网络广告测评的常用指标和相关概念

1. 网络广告测评的常用指标

1)广告展示量

网络广告的一次显示,称为一次展示,以此为统计单位统计的网络广告的总体显示数据为广告展示量。统计周期通常有小时、天、周和月等,也可以按需设定。被统计对象包括 Flash 广告、图片广告、文字链广告、软文、邮件广告、视频广告、富媒体广告等多种广告形式。展示量一般为广告投放页面的浏览量,通常反映广告所在媒体的访问热度。网络广告展示量的统计是网络广告 CPM 付费的基础。

2)广告点击量

网民点击广告的次数,称为广告点击量。统计周期通常有小时、天、周和月等,也可以按需设定。被统计对象包括 Flash 广告、图片广告、文字链广告、软文、邮件广告、视频广告、富媒体广告等多种广告形式。广告点击量与产生点击的用户数(多以 Cookie 为统计依据)之比,可以初步反映广告是否含有虚假点击。广告点击量与广告展示量之比,称为广告点击率,该值可以反映广告对网民的吸引程度。网络广告点击量通常反映广告的投放量。广告点击量统计是 CPC 付费的基础。

3)广告到达率

广告到达率指网民通过点击广告进入推广网站的比例。统计周期通常有小时、天、周和月等,也可以按需设定。被统计对象包括 Flash 广告、图片广告、文字链广告、软文、邮件广告、视频广告、富媒体广告等多种广告形式。广告到达量与广告点击量的比值称为广告到达率。广告到达量是指网民通过点击广告进入推广网站的次数。广告到达率通常反映广告点击量的质量,是判断广告是否存在虚假点击的指标之一。广告到达率也能反映广告登录页面的加载效率。

4)广告二跳率

广告二跳率是通过点击广告进入推广网站的网民,在网站上产生了有效点击的比例。统计周期通常有小时、天、周和月等,也可以按需设定。被统计对象包括 Flash 广告、图片广告、文字链广告、软文、邮件广告、视频广告、富媒体广告等多种广告形式。广告带来的用户在着陆页面上产生的第一次有效点击称为二跳,

二跳的次数即为二跳量。广告二跳量与广告到达量的比值称为二跳率。广告二跳率通常反映广告带来的流量是否有效,是判断广告是否存在虚假点击的指标之一。广告二跳率也能反映广告登录页面对广告用户的吸引程度。

5)业绩增长率

对一部分直销型电子商务网站,评估它们所发布的网络广告最直观的指标就是网上销售额的增长情况,因为网站服务器端的跟踪程序可以判断买主是从哪个网站链接而来,购买了多少产品、什么产品等情况,对广告的效果有直接和准确的评估。

6)广告转化率

广告转化率指通过点击广告进入推广网站,访问者升级为注册用户或购买用户的比例。统计周期通常有小时、天、周和月等,也可以按需设定。被统计对象包括 Flash 广告、图片广告、文字链广告、软文、邮件广告、视频广告、富媒体广告等多种广告形式。转化标志一般指某些特定页面,如注册成功页、购买成功页、下载成功页等,这些页面的浏览量称为转化量。广告转化量与广告到达量的比值称为广告转化率。广告转化量的统计是 CPA(cost per action,即每次行动的费用,根据广告转化量收费,如按每个订单、每个注册用户收费)、CPS(cost per sale,即按广告带来的销售额收费)付费的基础。广告转化率通常反映广告的直接收益。

2. 网络广告测评的相关概念

1)访问

上网者进入站点对服务器进行系列的请求就形成访问。一个网络用户访问某站点的时间长度称访问长度。与之相关的概念如下。

页面浏览:指上网者对页面内容的访问。

页面浏览数:某一个服务器成功传递的页面被请求的数量,通俗地说,就是浏览某一页面的人次,又称页面流量、访问流量。页面浏览数不能用来判断上网者看到的一个页面上的确切的信息量,因为上网者进入某一个页面,可以关掉图片显示,甚至根本没有看到页面上的某些内容(包括标题广告)。

2)访问者

访问者即一个与网站有交互操作的个人,通俗地说,就是访问某一网站的用户,又称访客。当网站收集了访问者的详细资料(比如姓名、年龄、性别、职业、收入、访问频率、访问路径)时,访问者对于广告主的价值就增加了。相关的概念有"唯一访问者"。唯一访问者是指在一特定时间内第一次进入网站,具有唯一访问者标识(唯一地址)的访问者,这一特定时间一般为一整天。

3)广告浏览数

广告浏览指上网者观看网页页面中的广告。广告浏览数即某一页面上的某一广告可能被看到的人次,又称广告印象数。由于许多页面不止一个广告,广告可能位于页面的最上方,也可能位于页面的其他位置,因此一个站点的广告浏览总数要比页面浏览总数大。

4)点击与点击率

上网者用鼠标单击一个标题或按钮,进入到另一个页面(通常是广告主的页面),称为点击。点击率是指受众中不满足于浏览广告,想了解更多信息,进一步点击广告的人所占的比例。现有的网络技术对这一部分受众的比例很容易统计。点击率是网络广告效果最基本的评价指标,也是反映网络广告效果最直接、最有说服力的量化指标。

5)回应率与购买率

回应率又称交互率,指受众中点击广告、到达目的页面之后做出反应的人的比例,显示的是点击者对页面所介绍的产品的兴趣有多大。对广告主来说,回应比点击更重要,因为回应常常意味着购买行为的产生。回应率可作为辅助性指标来评估网络广告的效果。购买率是指受众中受广告影响进而采取购买行动的人的比例,由于受众可以离线购买也可以在线购买,因此较难统计。

第二篇 设计篇

WANGLUO GUANGGAO SHEJI YU ZHIZUO

第四章
网络广告的创意设计

> **课程内容**

本章主要介绍网络广告的创意设计的总体要求、设计原则、创意表现,分别介绍了网络广告中的图像的作用、文字的作用、色彩的作用,以及这三个设计元素的具体设计要求和方法。

> **知识目标**

学习网络广告创意的相关基础知识,掌握网络广告的创意设计原则、设计元素的具体运用,了解网络广告的创意表现方法。

> **能力目标**

通过网络广告创意设计相关知识的学习,熟悉现代网络广告创意设计的原则和方法,掌握每个设计元素的具体作用,为之后的设计实践打下理论基础。

第一节
网络广告的创意基础

中国的网络发展速度是惊人的,在过去的十几年间一直保持着相对稳定的高速增长态势,网民数量也在逐年持续增长。很多企业已经注意到网络可以广泛传播产品和企业的优势,是市场潜力最大的广告投资方向。广告的目的就是为企业和产品树立形象,使受众产生印象,引起受众的购买兴趣,建立顾客对企业和产品的品牌忠诚度和信誉度。一则优秀的网络广告在企业、产品的选择中起着举重若轻的作用。

一、网络广告创意的基本原则

广告的基本功能是传递信息,只有将广告信息清晰、有效、准确地传递,才能完成广告的使命。网络广告创意需要首先关注的是如何吸引受众的注意力,也就是围绕广告主题,如何通过颜色、图像、声音等信息的有机组合诱导受众关注广告且接收广告信息。网络广告创意一般应遵循以下原则。

1. 原创性原则

原创性原则是指在广告创意中做到不抄袭、不因循守旧,给观众以新颖的广告信息和信息传递方式。网络广告是争夺眼球、争夺注意力的艺术,原创性原则是广告创意人员必须坚持的第一原则。随着社会经济的发展,广告已经成为生活中一个基本的组成部分,每个人都置身于广告的信息海洋中。要在众多的广告中脱颖而出,凸显广告个性,达到最佳效果,就必须赋予网络广告独一无二的原创性。

在广告设计过程中反对保守和墨守成规,同时也必须准确表达广告主题和内涵,否则就失去了广告的基本作用,达不到广告应有的传递信息的功能。

2. 简洁性原则

简洁性原则是指不仅要在广告画面和表现形式上做到重点突出、主次分明,而且要在简单中表达关键思想。网络广告中的信息只有尽可能简单化,才更容易被广告受众理解和接受。只有简洁的广告才能更好地体现主题诉求,才能有更好的传达效果。网络广告创意要达到的目标是让广告受众在接收到广告信息后能较为容易地对其进行信息解析,从而理解信息。如果网络广告的信息表述过于繁杂,在广告画面中所包含的信息量过多,那么就算受众注意到广告,也不能及时、准确地理解广告内容,也就谈不上促成受众的购买行为了。

通信设备网络广告如图 4-1-1 所示,风格简洁的网络广告如图 4-1-2 所示。

图 4-1-1　通信设备网络广告

图 4-1-2　风格简洁的网络广告

3. 文化适应性原则

不同的国家、地区,不同的民族,不同的受教育程度等因素都会造成广告受众不同的文化背景。中国的网络广告文化注重人情味和体现传统文化的东方价值观,注重群体对产品的精神需要,较为忽视个体的物质和精神需要的满足;西方网络广告文化则侧重于个体和个性的发挥,强调自由的氛围和冒险超越的境界,强调个性的文化特征,表现为塑造个性、张扬自我、追求个人自由、凸显个人价值的网络广告文化特点。在广告创意中,应考虑所面对的广告受众具有怎样的文化背景,只有与受众的文化背景相适应、与其兴趣爱好相匹配的广告才能成为受欢迎的广告。

4. 互动性原则

网络广告创意要注重利用互联网本身的媒介特性,即交互性和实时性。电视、报纸、杂志等媒体大多数时候是单向传播信息,网络广告独特之处就在于其互动性。网络广告的互动是实时、多次和持续的互动,可以实现人性化双向互动交流,能直接和广告受众进行互动。互联网使广告受众和广告主更加有效地进行沟通和交流。如何充分发挥互联网的双向互动通信优势、利用计算机终端的丰富表现形式是对广告创意的巨大挑战,也给了广告创意很大的空间。

运动鞋广告如图 4-1-3 所示。用鼠标拖曳画面上的一根鞋带可以出现一双运动鞋,形象地说明了运动鞋的轻便。

5. 思想性原则

无创新的广告,不足以吸引人;无思想的广告,不足以感人。优秀的网络广告,必须要耐人回味、发人深

图 4-1-3　运动鞋广告

省。只有这样的广告才能给受众留下难以磨灭的印象。只有具有思想性的网络广告才能展现广告对象的文化内涵和核心理念。网络广告的思想性原则体现在广告的创意追求上,网络广告的创意目标不仅是推销产品和服务,而且应该通过健康的审美观、新颖有趣的表现手法、高尚的格调来引导受众理性消费,追求积极健康的生活方式。国内网络宣传广告如图 4-1-4 所示。

图 4-1-4　国内网络宣传广告

6. 艺术性原则

网络广告创意是将图像、声音、文字、色彩、版面、图形等元素按照一定的目的和意图进行组合设计的活动,艺术性是创意活动过程中的魔术师,常常起到点石成金、化腐朽为神奇的作用。网络广告创意首先要有绝妙的立意和构思,其次要有实现这个创意的艺术创作。无论是静态还是动态的广告,都应具有艺术美感的造型、独特的构图、和谐而鲜明的色彩等元素。如用绘画,就运用各种美术类别的表现形式和丰富多样的表现技法;如用摄影,可采用迥然不同的光影效果以设计千变万化的别致造型。夸张对比、巧妙变形、形态重叠、重复组合、移花接木、隐形构成、淡出淡入等,都是经常使用的艺术手法,其目的就是在瞬间改变人们正常的感觉习惯,感染、打动每一位受众,艺术性地突出广告对象的核心价值。体现艺术性原则的广告如图 4-1-5 所示。

图 4-1-5　体现艺术性原则的广告

二、网络广告创意的一般策略

1. 广告诉求为先

广告创意由两部分信息组成,即广告诉求和广告表现。广告诉求是指广告需要传达的内容、需要达到的目的、希望达到的效果等,例如,是强化产品的独特卖点,提高品牌形象,还是促进产品的销售等。广告表现指通过各种辅助手段和形式把需要表达的广告诉求有效地表达出来。广告创意仁者见仁,智者见智,很难用固定的标准去评价,但是不管采用什么形式的网络广告创意,表现手法永远都是为广告诉求服务的。

2. 目标对象为本

每一个产品都应该有其市场定位,其中目标对象的定位是不可或缺、直接影响广告创意的重要因素,具体包括如下几个方面。

1)目标对象的人文、心理特征

目标对象的人文、心理特征通常运用在广告创意基础分析中,例如主要目标对象的性别、年龄层次及教育背景等因素决定目标对象的社会架构和消费能力,对选择适合的广告创意虚拟环境和故事架构起着关键的作用。广告创意从广告环境入手容易得到目标对象的认同。

2)目标对象的心理活动、消费行为

从某种程度而言,广告创意人更像是一个优秀的心理医生,通过对目标对象的分析了解目标对象的心理活动轨迹,引导目标对象的心理活动,从而有效促进其消费行为。

化妆品网络广告如图 4-1-6 所示。

3. 产品特点为准

一般而言,当想不出好的创意点子的时候,保守创意比另类创意更有效。直接把产品品牌、产品特征等广告基础

图 4-1-6　化妆品网络广告

素材拿来表现不失为可行之道。虽然平实，但是能吸引对该产品关心度较高的目标对象。好的创意应该不露痕迹地结合产品的内在特征。在产品特点的表现方式上，需要注意的是，必须简单明了地告知目标对象须知的产品特点。目标对象看广告是手段而不是目的，只是将其作为购买决策的参考。在多数情况下，目标对象只是被动地接收广告信息，越是容易被感觉器官快速接收的内容越容易被人们进一步思考和认可。

4. 互动操作为辅

网络广告的互动性体现在三个方面：一是给消费者感受和反馈的机会；二是为特定的目标消费者量身定做个性化的信息；三是让消费者参与信息发布与传播。模拟现实使用过程的网络广告，更容易让受众接受，并且会产生更好的投放效果。通过聆听消费者的回应，从而获得大量消费者的个人信息，连同网络广告的网上监测机制所提供的数据、网络浏览路径、点击后行为等分析，可勾勒出较清晰的个别消费者特征，将这些个人信息汇集成资料库，使得个性化的"一对一"的传播成为可能。受众对此更容易产生了解欲望，而后转告好友或有共同爱好的一些人。在这个过程中，受众的角色也从信息接收终端，转变为信息的发布或传播者，在使广告效果放大的同时，最大限度地降低了广告成本。互动网络广告不仅仅看重画面、布局这些最基本的视觉构成元素，更注重可以参与体验的交互性，它解放了消费者的感官，将自由选择的权利还给消费者，并且可以产生互动关联信息，形成一个消费者个体之间、消费者与广告主之间的交叉式信息互联网络。互动网络广告如图4-1-7所示。

图4-1-7　互动网络广告

第二节　网络广告的创意表现

网络广告设计中的所有设计元素，包括文字、图像、色彩、编排等元素的设计和运用，都要考虑不同地区、不同文化背景、不同年龄层次的受众特点，让尽可能多的受众群体看懂、理解和接受，这是网络广告创意表现最主要的目的所在。

因此，设计者要善于运用各种设计语言和设计技巧，充分发挥文字、图像、色彩、编排等设计元素在网络广告中的作用，达到受众关注—产生兴趣—促成售卖的目的。整个网络广告的页面要使受众以最方便、最快捷、最易懂的方式获取广告传达的信息。国外网络广告如图4-2-1所示。

一、图像

从视觉角度来讲，图像会比文字的表达更为直观。一个好的图片设计能够在第一时间吸引客户。网络广告的图像类型主要包括商标、图形、插图、照片等。网络用户需要简洁、概括、通俗的图像语言，网络广告

图 4-2-1　国外网络广告

应给受众提供正确而印象深刻的视觉信号,借助图像的形象引导受众集中注意力,完成从兴趣到联想,再到购买行动的一系列过程。图像整体信息要明确,避免信息误导,一切能分散受众注意的装饰、色彩、图像等,要大胆删减,否则只会降低受众的视觉注意力,达不到广告传播信息的最终目的,从而失去图像本身的作用。

网络广告中的图像运用如图 4-2-2 所示,餐厅广告如图 4-2-3 所示。

图 4-2-2　网络广告中的图像运用

图 4-2-3　餐厅广告

1. 网络广告中的图形

网络广告设计与其他视觉艺术设计相比有很大的不同之处,人们在网络广告前停留的时间往往很短暂,这就要求网络广告的图形要在几秒钟的时间内,准确地把广告的主题信息传播出去。要让图形充分充当无声推销员的角色,让受众在无须过多解释的情况下对产品产生兴趣和关注。

图形比文字语言给人的感觉更亲切,比文字语言更容易在短时间内传达广告的信息内容。网络广告中的图形往往都起着展示产品、表现功能、强调特点的作用,利用图形对比可以让受众清楚地了解产品的外观、用途、使用方法。尽量用图片解说是网络广告乃至整个广告业运用已久的技巧。蔬菜网络广告采用的趣味图形如图4-2-4所示。

图4-2-4　网络广告中的趣味图形

2. 网络广告中的插图

网络广告中的插图包括绘画、摄影、图案、表格等形式,在多数网络广告中占据重要的页面和较大的版面位置。插图设计属于视觉设计的一个特殊领域。插图视觉化、形象化地对文字语言进行独特、个性的表现,它给文字语言附加了个性的艺术创造力,表现为可见的艺术形象,比文字更能给人以生动鲜明的印象,是世界通用的语言。

网络广告中的插图如图4-2-5所示。

图4-2-5　网络广告中的插图

网络广告中的插图作品首先要把受众的注意力吸引到画面上来,再把产品的信息通过图画的形式让受众结合文字去理解,更生动、鲜明地解释整个创意的主题。

网络广告中的主题图片如图4-2-6所示。

图 4-2-6 网络广告中的主题图片

二、文字

网络广告的文字部分由标题、正文、标语及说明文组成。

标题是广告文案的主题,是一个广告诉求的重点,其作用是引人注意,留下印象,使受众产生购买兴趣。在整个广告的版面和构图中,标题始终处于最醒目和有效的位置。

正文是广告文案解释说明的文字语言部分,对广告标题的信息进行详细介绍和分析,使受众清楚了解产品信息,建立对产品的兴趣和信任,以进一步了解认识产品。

标语是产品和企业的广告语,往往是一句朗朗上口的、带有一定文学魅力和内涵的语句,用以区别于其他同类产品和企业。

说明文是广告涉及的企业地址、联系方式、产品价格、售后等真实有效的资料。

网络广告的文字信息要精良,要简约,广告的诉求点不要太多,受众的记忆力是有限的,网络广告最好将最简单、最有助于受众记忆的诉求点说出来,把产品和企业的卖点植入受众的心里,不要有过多的文字和图像。

网络广告的文字如图 4-2-7 所示,网络招聘广告的广告语如图 4-2-8 所示。

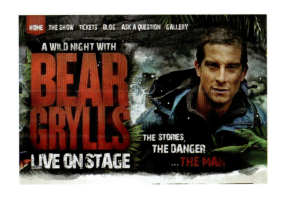

图 4-2-7　网络广告的文字　　　　　　图 4-2-8　网络招聘广告的广告语

1. 网络广告文字设计的原则

文字是网络广告中主要的信息传达载体,文字设计要注重视觉的舒适度,要考虑计算机显示器的屏幕因素,注意受众的阅读习惯,合理设计文字的视觉动向和艺术风格,做到与设计主题的整体协调,使受众在阅览广告时产生视觉上的美感。

1)文字字体风格的统一

在进行设计时必须对字体做出统一的形态规范,这是字体设计最重要的准则。文字在组合时,只有在字的外部形态上具有鲜明的统一感,才能在视觉传达上保证字体的可认性和注目度,从而清晰准确地表达文字的含义。如在字体设计时对笔画的装饰变化必须以统一的变化来处理,不能使一组字中每个字的笔画变化都不同、各自为政,否则必将破坏文字的整体美感,让人感觉杂乱无章、不成体系,这样就难以收到良好的传达效果。网络广告中文字风格的统一如图4-2-9所示。

图4-2-9　网络广告中文字风格的统一

2)文字字体方向的统一

方向的统一在字体设计中有两层含义。一是指字体自身的斜笔画处理,每个字的斜笔画都要处理成统一的斜度,不论是向左还是向右斜的笔画都要以一定的倾斜度来统一,以加强其统一的整体感。二是为了造成一组字的动感,往往将一组字进行统一、有方向性的斜置处理。在做这种设计时,首先要使一组字中的每一个字都按同一方向倾斜,以形成流畅的线条;其次是对每个字的笔画进行处理时,也要尽可能地使其斜度一致,这样才能在变化中保持同一因素,增强其整体的统一感。而不至于因变化、不统一,显得零乱而松散,缺乏均齐统一的美感,难以产生良好的视觉吸引力。网络广告中文字方向的统一如图4-2-10所示。

3)文字字体与主题定位的统一

正确的设计定位是设计好字体的第一步,它来自对相关资料的收集与分析。当准备设计某一字体时,应当考虑以下因素:字体将传递何种信息内容,给消费者以何种印象;设计定位是传递信息还是增加趣味,或者两者兼有;在何处展示和使用,采用什么样的设计载体、形态、大小和表现手段;什么是设计切入点,创造的文字表现方式是否正确,是否表达清楚;表现内容是严肃的还是幽默的;信息是否有先后次序,是否需要编辑等。网络广告中文字与主题定位的统一如图4-2-11所示。

 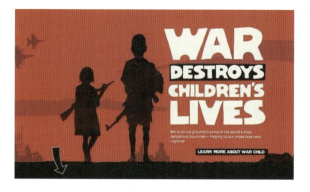

图4-2-10　网络广告中文字方向的统一　　图4-2-11　网络广告中文字与主题定位的统一

4)文字的粗细及大小决定效果

细体文字很难造成有力量的印象。相反,粗体文字也不能体现时髦的、纤细的主张。一般来说,粗体文字是自信的表现,能体现活力、男性的力量等。细体文字是时髦的表现,能体现女性的优雅和纤细。但是,这些表现过度则起到相反效果。

大型的文字体现精神活力。公司名、人名放大,给人有精神、有力量的印象。扩大广告的公司名,亦能提高受众的信赖感。但是,如果过度,就会起到反作用。相反,缩小公司名,则给人高品质的、纤细的印象。在进行文字设计之前,首先应该决定要传达的内容和信息。选择适合这个内容的字体是很重要的。内容和表现形式一致,就会给人安定的感觉,使人能安心地接收这个信息。网络广告中文字粗细大小的表现如图 4-2-12 所示。

图 4-2-12　网络广告中文字粗细大小的表现

2. 网络广告文字设计的要求

1)文字要精简,不宜过多

由于各网站对广告尺寸有一定限制,而且网络媒体也不适合长时间阅读,简洁、生动的广告文案才会吸引较高的注意力。网上可供选择的广告位置有限,受众的眼睛很难一直盯着屏幕看,句子越短越好,一般一个句子十来个字,最多不超过 20 个字,太长了就会让访问者视觉疲劳,没有耐心看下去。

2)注意文字与动画效果的配合

动画技术的运用为网络广告增加了不少吸引力,因而,在网络广告的文字设计上,应充分利用动画技术所产生的视觉效果,利用字体大小、位移的快慢变化,来增加信息传播的趣味性和表现力。网络广告中文字与动画效果的配合如图 4-2-13 和图 4-2-14 所示。

图 4-2-13　网络广告中文字与动画效果的配合一

图 4-2-14　网络广告中文字与动画效果的配合二

3）文字风格要与广告内容相吻合

网络广告的文字设计要服从信息内容的性质和特点，风格要与广告主题相吻合，不能脱离，更不能冲突。科技、教育、医药类的网络广告字体要庄重、规范，字体风格简洁大方。旅游、美食、购物类的网络广告字体则要活泼、生动，字体风格欢快鲜明。考古、历史、收藏类的网络广告字体要端庄、古雅，字体风格古朴、有韵味。只有注重文字的独特风格的表现，结合相关的广告主题，才能给受众强烈的视觉冲击力，同时加深人们对广告的印象，从而在众多同类广告中脱颖而出。网络广告中文字风格与广告内容的吻合如图 4-2-15 所示。

图 4-2-15　网络广告中文字风格与广告内容的吻合

4）文字风格要与受众群体的特性相吻合

由于网络可以根据不同兴趣爱好，把受众高度细分，因而在针对目标受众表达诉求时，注意运用他们所熟悉的语气、词汇，会增强认同感。设计者可以用字体来更充分地体现设计中要表达的情感。字体选择是一种感性、直观的行为，但是无论选择什么字体，都要符合广告的总体设想和浏览者的需要。例如：粗体字强壮有力，有男性特点，适合机械、建筑等行业的内容；细体字高雅细致，有女性特点，更适合服装、化妆品、食品等行业的内容。在同一页面中，字体种类少，版面雅致，有稳定感；字体种类多，则版面活跃，丰富多彩。文字风格与受众群体的特性相吻合如图 4-2-16 所示。

图 4-2-16　文字风格与受众群体的特性相吻合

三、色彩

在网络上遨游的浏览者喜欢漂亮的、有较强视觉冲击力的图像或影像，这些都离不开成功的色彩搭配。良好的色彩设计容易吸引更多受众的关注，并达到良好的广告效果。另外，在网络广告中，可以通过不同色彩搭配,来营造不同的环境氛围,并利用色彩的不同含义来代表一个产品和企业的理念和精神。

在网络广告设计中,选择恰当的色彩是非常重要的,相比于网络广告其他组成部分,色彩更能让网络广告看起来新颖和瞩目。网络广告中的色彩如图4-2-17所示。

图 4-2-17　网络广告中的色彩

1. 网络广告色彩的整体原则

色彩是网络广告具备视觉效果和艺术效果的重要设计元素。各种色彩的相互配合,可以创造出网络广告完美的艺术画面。色彩在广告中的应用,就如同色彩对于图画,标题对于正文,对增加广告的注意价值有十分重要的作用。

心理学研究表明,人的视觉器官在观察物体时,最初的几秒内色彩感觉占80%,而形体感觉只占20%;两分钟后色彩占60%,形体占40%;五分钟后各占一半,这种状态将持续下去。由此可见在广告作品的各种组成要素中,色彩的影响作用最大、视觉效果最强,更能引起公众的注意,更能引导公众的联想。

网络广告色彩的选择和搭配是网络广告设计重点之一。网络广告的色调及背景、文字、图标、边框、链接应该采用什么样的色彩,应该如何搭配,是网络广告设计从构思初始就必须考虑的问题。可口可乐网络广告中的红色如图4-2-18所示。

实践证明,广告的主色调格外引人注目。它能直接抓住顾客的注意力,使顾客通过鲜亮动人的象征性色彩,引发联想,引起情感活动,从而产生对某种商品的消费动机,促成购买行为。

每种色彩都有对应的心理感觉,不同的颜色会给浏览者不同的心理感受。下面具体分析一下每种色彩对应的色彩感受。

红色:象征着火和力量,还与激情和重要性联系在一起,它有助于激发能量和提起兴趣。红色的负面内涵是愤怒、危急、生气、流血,这也源于红色本身代表的热情和进取。

图 4-2-18　可口可乐网络广告中的红色

橙色:象征着幸福、快乐和阳光。这是一种欢快的色彩,能唤起孩子般的生机。

黄色:一种幸福的颜色,代表着积极的特质——喜悦、智慧、光明、能量、乐观、幸福。黄色的负面内涵是警告、批评。

绿色:象征着自然,并且有一种治愈性的特质,它可以用来象征成长与和谐。绿色让人感到安全。

蓝色:一种和平、平静的颜色,代表着稳定和专业性,因此它普遍运用于企业网站。蓝色也可以象征信任和可靠性。蓝色消极的一面象征抑郁、冷漠。

紫色：皇室和有教养的颜色，代表着财富和奢侈品。它也富于灵性的感觉，并鼓舞创造力。紫色可以散发出一种神奇的感觉。它能很好地提升创造力和表达女性特质。紫色的负面内涵是沮丧和悲伤。

黑色：往往与权力、优雅、精致、深度联系在一起。黑色的负面内涵与死亡、神秘和未知联系在一起。这是悲伤、悼念和悲哀的颜色，因此在运用时必须明智选择。

白色：象征纯洁和天真，它还传达着干净和安全，还可以被认为是寒冷和遥远的象征，代表着冬天的严酷和痛苦的特质。

网络广告不同于平面广告，二者的色彩模式（见图4-2-19）与表现方法都有各自的特点。首先，网络广告设计时使用的是16进制表示的色彩（216色Web安全色）及RGB（显示器使用）色彩模式，而普通平面广告设计则使用印刷用CMYK色彩模式。其次，电子商务站点是为客户服务的，它的色彩搭配应以大众的欣赏习惯为标准，同时兼顾网站专业特点和艺术规律。

网络广告设计中的色彩搭配应遵循以下几个原则。

1）色彩使用的合理性

虽然明亮的色彩能够在第一时间吸引人们的眼球，但是长时间的注视容易使人的眼睛疲劳。网络广告是以显示屏为终端的广告形式，需照顾人眼的生理特点，避免大面积的高纯度色彩的使用，需注意色彩搭配的比例。女装店铺小米虫子如图4-2-20和图4-2-21所示。

图4-2-19　色彩模式

图4-2-20　女装店铺小米虫子一

图4-2-21　女装店铺小米虫子二

2）色彩的搭配具有独特个性

网络广告的发布是以网页为载体，广告要从整个页面中脱颖而出，色彩的搭配起着非常重要的作用。网络广告既可以色彩缤纷，又可以简约大气。家居店铺平田生活的极简设计如图4-2-22所示，服装店铺妖精的口袋如图4-2-23所示。

图 4-2-22　家居店铺平田生活的极简设计

图 4-2-23　服装店铺妖精的口袋

3）色彩的艺术性

色彩设计属于艺术形式的范畴，按照内容决定形式的原则，色彩应服务于网络广告品牌的内容，广告主题既要明确，又要充分符合客户群的审美。婴幼儿用品广告如图 4-2-24 所示，多喜爱床上用品广告如图 4-2-25 所示。

图 4-2-24　婴幼儿用品广告

图 4-2-25　多喜爱床上用品广告

2. 网络广告色彩的调和与对比

两种及以上的色彩放在一起,经过处理和调整后,会产生一种让人感觉舒适的效果,这就是色彩的调和。生活中的色彩不是单独出现的,一个事物往往有多种色彩,当很多色彩同时出现时,有些色彩组合会让人感觉心情愉快,但有些色彩组合却让人感觉心里不舒服。这是色彩不同的搭配产生的不同视觉效果。

在网络广告中,设计者常常通过色彩对比来打破配色的单调感,刺激受众的视觉,让网络广告引起受众的关注并使其产生兴趣。研究表明,良好的色彩对比有助于增强人们的审美体验,给人带来良好的感受,这就是色彩对比无法替代的魅力。如孩子喜爱的各种儿童玩具,若色调鲜艳、明快,对比强烈而统一协调,他们一见就会笑逐颜开、爱不释手;反之,若将玩具设计成灰暗冷清的色调,就会被孩子冷落。

色相对比:因色相之间的差别形成的对比。当主色相确定后,必须考虑其他色彩与主色相是什么关系,要表现什么内容及效果等,这样才能增强其表现力。不同色相对比取得的效果有所不同,两色越接近,对比效果越柔和。越接近补色,对比效果越强烈。京东网络广告中色彩的色相对比如图4-2-26所示。

图 4-2-26　京东网络广告中色彩的色相对比

明度对比:色彩之间明暗程度的差别形成的对比,是页面形成恰当的黑、白、灰效果的主要手段。明度对比在视觉上对色彩层次和空间关系影响较大。柠檬黄明度高,蓝紫色明度低,橙色和绿色属中明度,红色与蓝色属中低明度。网络广告中色彩的明度对比如图4-2-27所示。

图 4-2-27　网络广告中色彩的明度对比

纯度对比:不同色彩之间纯度的差别形成的对比。色彩纯度可大致分为高纯度、中纯度、低纯度三种。未经调和过的原色纯度是最高的,而间色多属中纯度的色彩,复色其本身纯度偏低而属低纯度的色彩。纯度的对比会使色彩的效果更明确、肯定。网络广告中色彩的纯度对比如图4-2-28所示。

补色对比:将红与绿、黄与紫、蓝与橙等具有补色关系的色彩彼此并置,使色彩感觉更为鲜明,纯度感增强。网络广告中色彩的补色对比如图4-2-29所示。

冷暖对比:不同色彩之间的冷暖差别形成的对比。色彩分为冷、暖两大色系,红、橙、黄为暖色系,蓝、绿、紫为冷色系,两者基本上互为补色关系。另外,色彩的冷暖对比还受明度与纯度的影响,明度高的色彩反射率高而感觉冷,明度低的色彩吸收率高而感觉暖。网络广告中色彩的冷暖对比如图 4-2-30 所示。

图 4-2-28　网络广告中色彩的纯度对比

图 4-2-29　网络广告中色彩的补色对比

图 4-2-30　网络广告中色彩的冷暖对比

面积对比:同一种色彩,面积越大,明度、纯度感越强;面积越小,明度、纯度感越弱。面积大的时候,亮的色显得更轻,暗的色显得更重。这种现象称为色彩的面积效果。面积对比是指页面中各种色彩在面积上多与少、大与小的差别,影响到页面的主次关系。网络广告中色彩的面积对比如图 4-2-31 所示。

图 4-2-31　网络广告中色彩的面积对比

WANGLUO GUANGGAO SHEJI YU ZHIZUO

第五章
网络广告的版面设计

> 课 程 内 容

本章主要介绍网络广告版面设计的设计流程与构图类型,介绍网络广告版面设计的具体设计要求和构图方法。

> 知 识 目 标

学习网络广告版面的相关基础知识,掌握网络广告的版面设计原则、设计元素的具体运用,了解网络广告的版面构图表现方法。

> 能 力 目 标

通过网络广告版面设计的相关知识的学习,熟悉现代网络广告版面设计的原则、方法,掌握每个构图类型的具体运用,为之后的设计实践打下理论基础。

设计师将所有要体现的内容有机地整合和分布,放在人们在浏览器上看到的一个完整的页面上,达到某种视觉效果,称为版面布局。

网络广告的版面作用可以理解为:在有限的版面空间里,将版面构成要素——字体、图片图形、线条线框和颜色色块诸因素,根据特定内容的需要进行组合排列,并运用造型要素及形式原理,把构思与计划以视觉形式表达出来。也就是寻求艺术手段来正确地表现版面信息,是一种直觉性、创造性的活动。

网络广告的版面设计要根据广告主题的要求,将文字、图形、色彩这三个设计元素进行组合,安排各个元素之间的视觉关联和配置,使其成为一个整体。网络广告的版面大小受计算机显示大小的影响,因此要在有限的版面空间中充分、合理、有效地进行版面的分割与组合,形成布局合理、有一定视觉效果的网络广告页面。

第一节
网络广告的版面设计流程

网络广告的版面设计要掌握好视觉流程的设计。网络广告中版面的视觉流程是指受众按照设计者的编排意图来移动视线,最大限度地发挥网络广告的信息传达作用。

优秀的网络广告版面视觉流程的设计要考虑受众的视线移动规律,视觉突出、对比反差大的视觉信息容易被人感知。视线移动也受生理和心理状态的影响,例如人的视线通常会水平移动,再上下移动,因此版面左上方往往要放置广告的重要设计要素。遵循这些规律,设计者在进行网络版面设计时,才能设计出最省力、最轻松、最愉快的视觉流程,充分地传达广告的各个设计要素,把标题、正文、插图、标语、公司等信息连续不断地传达给受众。网络广告中的版面如图5-1-1和图5-1-2所示。

1. 结构构思

设计师要对客户的需求、网站的定位、受众群等很多方面进行详细了解,制订详细的策划方案。在不了

图 5-1-1　网络广告中的版面一

图 5-1-2　网络广告中的版面二

解客户需求的情况下,盲目地进行版面设计,想达到某种视觉效果是很难的,也是很容易被客户推翻的,即使过了客户关,如果没有真正为客户带来价值,还是失败的。

当真正了解客户需求后,尽可能地发挥想象力,将构思绘制到版面上,不讲究细腻工整,也不必考虑一些细节的部分,只用几条粗陋的线条勾画出创意的轮廓即可。尽可能地多构思,以便选择一个最适合的进行搭建。这个阶段只需把重要的元素和版面结构相结合,看看框架是否合理、是否满足客户的需求。

2. 完善布局

设计师根据客户的要求所需的内容有条理地融入整个框架中,就进入布局的阶段了,就可以通过对图片的处理、对空间的合理利用进行编排了。根据广告主题的需要和网络广告版面的大小,确定各版面要素的主次地位,将广告的突出关键点放在视觉醒目的位置,选定文字和图像(如标语、广告语、图形、插图等)的具体版面位置,决定它们之间的相互呼应关系,组织好视觉流程的顺序,进行有节奏、轻重的组合。网络广告中的版面分区如图 5-1-3 所示。

在版面设计中,图形与图形、图形与文字、文字与文字、编排元素与背景之间,无论表现为有彩色还是无彩色,在分析中,都在视觉上整体归纳为黑、白、灰三种空间层次关系。通过黑、白、灰的明度对比,使某些元素比其他元素更突出,各编排元素之间建立起先后顺序,使信息层次更加分明。

文字的字体、字号、粗细、行距、字距的选择不同,在版面设计中形成的面的明度也有所不同,由此决定

图 5-1-3　网络广告中的版面分区

版面构成中黑、白、灰的整体布局。文案的群组化是避免版面空间散乱的有效方法。网络广告中的文字分区如图 5-1-4 所示。

3. 深入优化

深入优化主要是针对细节的更改和优化（见图 5-1-5），比如一些颜色饱和度、字体、间距的调整。最后根据客户反馈过来的意见在现有的版面上进行适当调整，直至客户满意。

图 5-1-4　网络广告中的文字分区

图 5-1-5　深入优化

第二节　网络广告的构图类型

网络广告的版面构图要遵循一定的设计法则。首先内容与形式要统一，形式服从主题内容的要求。其次视觉流程要流畅，广告主题要突出。最后，各个设计元素之间要讲求相对均衡的关系，讲究空白处理，着重强调广告诉求重点，注意整体版面的韵律感。版面的布局和编排没有固定的模式，也不应该有固定的模式。一些版面处理在以前看是"犯忌"的，但受众（包括不少圈内人士）认为很有特色，甚至形成了特有的风格。

一、网络广告的构图原则

1. 创造版面的视觉美感

精良的网络广告版面设计能够给受众留下深刻的视觉印象,使网络广告版面充满韵律。韵律不仅是指版面设计富有动感和流畅性,而且编排的内容饶有趣味,既矛盾又统一。内容与形式的统一是创造版面美感的前提。版面的美感是通过视觉感受到的,版面中各视觉因素结合起来,既统一又变化多样,从而使版面既不觉单调又不显杂乱无章,充满灵性、诗意和美感。

没有个性的版面是失败的,就像一张毫无个性的面庞,在视觉上不易让人记住。整个网络广告版面的风格要有统一的设计,形成一个整体,从更深层次上体现网络广告的定位,适应受众的欣赏口味。从版面的具体编排而言,各种元素的统一不仅是方便阅读的需要,而且是产生视觉美感的需要。过多的变化只会进一步加重负担,统一的视觉效果更能体现秩序感。网络广告版面的视觉美感如图5-2-1所示。

图 5-2-1　网络广告版面的视觉美感

2. 主题突出,增加版面亮点

网络广告版面往往在体现内容丰富多彩的同时,还需突出一个中心。版面突出的中心就是设计者最想说的话。采用多种编排手段,突出一个主题,会给受众留下一个深刻的印象,达到很好的宣传效果。

将最具有视觉冲击力的图片和标题放在版面上部做突出处理极为重要。同时要注意不能把版面处理得过于花哨而转移了受众对广告本身的注意,这样就能使受众在网络浏览时无意地一瞥,便停下了目光。

网络广告版面中要增加版面亮点,使之成为视觉中心。可以采取局部的图案衬饰、加大标题字号和所占版面的空间、突出的标题设计、标题形状变化、加大图形所占的版面空间、独特的花边形式等方式,在画面中形成视觉中心。对比关系是产生视觉刺激的基础,对比包括明暗对比、方向对比、大小对比、曲直对比等。此外,一条有声有色、感染力强的标题,三言两语便能扣住受众的心弦,吸引受众的视线。视觉中心理论能更好地活跃版面,较好地处理版面全局与局部、局部与局部的关系,甚至可以通过版面表现力的强弱,明确视觉层次,让受众在不知不觉中按设计的视觉流程,做到先看什么、再看什么、最后看什么。网络版面的亮点如图 5-2-2 所示。

图 5-2-2　网络版面的亮点

3. 提高视觉度可以产生亲和力

视觉要素是指相对于文字要素的插图、照片、表格等图像表现。在版面中增强视觉要素,能产生轻快、有亲和力的印象;相反,以文字为中心,则给人高格调、冷漠、坚硬的印象。相对于文字,图像要素(插图、照片等)产生的视觉强度称为视觉度。外观和影响力越强烈,视觉度就越高。明快的插图给人最强烈的印象,视觉度就高。一般来说,照片的视觉度比插图低,特别是云、海等的风景照,视觉度就更低。需要注意的是,并不是视觉度越高越好,与内容相吻合的"度"是很重要的。例如,在纯文字的广告中加入过多插图,虽然有轻快的感觉,但却形成了不和谐的版面。网络版面的视觉度如图 5-2-3 所示。

4. 善于处理空白

空白有两种作用,一方面对其他内容表示突出、卓越,另一方面也表示网页的品位,这种表现方法对体现网页的格调十分有效。

空白部分在版面中分配恰当,能使画面有疏有密,利于视线流动,更好地烘托和加强主题。版面中的空白可以让受众产生更多的意境想象的空间,也使得主要信息能轻松地传递给受众。空白也可以使受众在欣赏广告时产生轻松、愉悦之感。标题越重要,就越要多留空白。空白处理如图 5-2-4 所示。

图 5-2-3　网络版面的视觉度　　　　　　　　图 5-2-4　空白处理

二、网络广告图形与文字编排的基本形式

网络广告版面设计中,图形与文字之间的分区主要有以下几种形式。

1. 上下分割

版面分成上下两个部分,其中一部分配置图片,另一部分配置文案。中间的空白创造出了余地。由于网络广告发布的特性,此种广告形式使用较少,多在竖版广告中出现。网络广告版面的上下分割如图 5-2-5 所示。

2. 左右分割

由于网络广告的发布特性,左右分区是网络广告中比较常见的编排形式。由于人们浏览网页的视觉习惯,与印刷品不同的是,网络广告采用左文右图的居多,当然也不乏相反情况。网络广告版面的左右分割如图 5-2-6 和图 5-2-7 所示。

图 5-2-5　网络广告版面的上下分割

图 5-2-6　网络广告版面的左右分割一

图 5-2-7　网络广告版面的左右分割二

3. 线形编排

线形编排的特征是几个编排元素在空间中被安排为一个线状的序列。竖向、横向或任何给定角度的一行元素都可以产生线状。线不一定是直的,可以扭转或弯曲,元素通过距离和大小的重复互相联系。运用这种方式构成的版面,会使人的视线立刻集中到中心点,且这种构图具有极强的动感。线形编排如图 5-2-8 所示。

4. 中心点编排

中心点编排是稳定、集中、平衡的编排,用于营造空间中的点或场。人的视线往往会集中在中心部位,产品图片或需重点突出的事物配置在中心,会起到强调作用。如果由中心向四周放射,可以起到统一的效果,并形成主次之分。网络广告版面的中心点编排如图 5-2-9 所示,居中编排如图 5-2-10 和图 5-2-11 所示。

图 5-2-8　线形编排

图 5-2-9　中心点编排

图 5-2-10　居中编排一

图 5-2-11　居中编排二

5. 重叠编排

重叠编排是各编排元素间上下重叠、覆盖的一种编排形式。元素之间由于重叠易影响识别性,因此,需要在色彩、虚实、明暗、位置方面进行调整,以便相得益彰而又层次丰富。重叠编排如图 5-2-12 所示。

6. 蒙德里安式编排

蒙德里安式编排得名于著名抽象派画家蒙德里安的冷抽象构图风格。这种布局运用一系列水平线、垂直线、长方形和正方形,将图形放置

图 5-2-12　重叠编排

在骨格单位中进行构图。当然,随着时尚的变化,现在这种形式也有了更多的延伸。蒙德里安式编排如图 5-2-13 和图 5-2-14 所示。

图 5-2-13　蒙德里安式编排一

图 5-2-14　蒙德里安式编排二

7. 散点式编排

散点式编排采用多种图形、字体,使画面富于活力、充满情趣。采用散点式编排时,需注意图片大小、主次的配置,还应考虑疏密、均衡、视觉引导线等,尽量做到散而不乱。散点式编排如图 5-2-15 和图 5-2-16 所示。

图 5-2-15　散点式编排一

图 5-2-16　散点式编排二

第三篇

制作篇

WANGLUO GUANGGAO SHEJI YU ZHIZUO

第六章
静态网络广告的制作

> 课程内容

本章学习网页中静态网络广告的制作,从解析客户要求开始到设计思路的确定再到软件制作,通过几则不同类型的网络广告,掌握各种风格的网络平面广告设计的实际运用。

> 知识目标

掌握不同题材、不同风格的网络广告的设计。熟练使用 Photoshop 软件制作静态的网络广告。

> 能力目标

通过对各种网络平面广告设计的案例分析及教学,对在网络环境下的 Photoshop 软件的使用有一个初步认识,为进一步的项目制作打下坚实的软件基础。

第一节
Photoshop 软件基础介绍

Photoshop 软件如图 6-1-1 所示。

Photoshop,简称 PS,是一个由 Adobe Systems 开发和发行的图像处理软件。Photoshop 主要处理由像素所构成的数字图像。在网络广告中,制作静态广告首选此软件,本书中所有静态网络广告案例的制作全部使用该软件。

启动软件后,进入 Photoshop 的工作界面,如图 6-1-2 所示。工作界面由以下几部分组成。

图 6-1-1 Photoshop 软件

图 6-1-2 工作界面

(1)菜单栏。菜单栏为整个环境下所有窗口提供菜单控制,包括文件、编辑、图像、图层、文字、选择、滤镜、视图、窗口和帮助等。

(2)属性栏(又称工具选项栏)。选中某个工具后,属性栏就会变成相应工具的属性设置选项,可更改相应的设置。

(3)工具箱。工具箱中的工具可用来选择、绘制、编辑及查看图像。拖动工具箱的标题栏,可移动工具箱。单击可选中工具,属性栏会显示该工具的属性。有些工具的右下角有一个小三角形符号,这表示在该工具位置上存在一个工具组,其中包括若干个相关工具。单击左上角的双向箭头,可以将工具栏变为单条竖排,再次单击则会还原为两竖排。

(4)图像编辑窗口。图像编辑窗口是 Photoshop 的主要工作区,用于显示图像文件。图像编辑窗口带有标题栏,提供了打开的文件的基本信息,如文件名、缩放比例、颜色模式等。

(5)控制面板。共有 14 个面板,可通过"窗口\显示"来显示面板。按"Tab"键,隐藏控制面板、属性栏和工具箱;再次按"Tab"键,显示以上组件。按"Shift+Tab"键,隐藏控制面板,保留工具箱。

第二节
项目案例一:冬季童装 5 折

该店铺是淘宝网店,主要售卖三至六岁小童服装。此案例为店铺冬装 12 月的折扣活动(见图 6-2-1)。而店铺打折也是制作网络广告中比例较高的广告类型。

图 6-2-1　冬季童装 5 折

1. 客户要求

客户:小超人童装。

主题内容:淘宝童装折扣活动。

客户要求:在广告设计过程中,要求能够准确体现此次活动主题"小超人之旅",制作精美,富有创意,能够起到准确的活动宣传作用。

设计思路:客户要求制作网店冬季折扣活动 banner,这就需要在构思时既要能够表现出网店的经营项目,又要强调突出折扣活动信息,并能达到吸引消费者的目的。了解客户需求后,根据广告尺寸进行设计主题确定。设定黄色为主题色,活动主题文字分开处理,大小分置调整,展现小朋友活泼好动的特性。文字描边处理,并层层叠加。

2. 设计步骤解析

(1)启动 Photoshop 软件,选择菜单栏中的"文件"→"新建"命令,打开"新建"对话框,新建文档,参照图 6-2-2 所示对话框进行设置,创建一个空白文档。

备注:静态的广告是网络广告常用的一种方式。这种广告是将以 GIF、JPG 等格式建立的图像文件,定位在网页中。由于这一特性,网络广告的分辨率设计满足网页发布所需即可,以 72 分辨率为主,RGB 模式,个别具有特殊要求的广告会略高于此分辨率。

（2）背景颜色的填充。在图层面板中确定当前图层是背景图层，单击选择工具栏中调色板工具中的设置背景色图标，调整为黄色（R：255。G：221。B：95），如图 6-2-3 所示，单击"确定"。

图 6-2-2 "新建"对话框

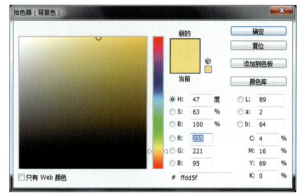

图 6-2-3 "拾色器（背景色）"对话框

（3）背景白色条纹的绘制。选择屏幕左侧的工具栏中的"多边形套索工具"，在图纸下方绘制一个横向的三角形选区（见图 6-2-4），最终获得的三角形选区如图 6-2-5 所示。

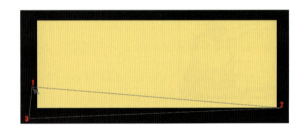

图 6-2-4 绘制三角形选区

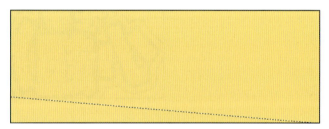

图 6-2-5 最终获得的三角形选区

（4）保持选区激活，单击图层面板下方"新建图层"图标 （新建图层会自动激活），系统默认图层的名称为"图层 1"，在该图层名称处双击鼠标左键，修改文件名为"背景发光"。再单击"编辑"→"填充"，弹出"填充"对话框（见图 6-2-6），选择"背景色"内容填充（快捷方式"Ctrl＋Backspace"），单击"确定"填充背景色。

图 6-2-6 "填充"对话框

（5）完成后单击"选择"→"取消选区"取消选区（快捷方式"Ctrl＋D"）。画面效果如图 6-2-7 所示。

（6）在图层面板中激活"背景发光"，鼠标右键单击该图层，选择复制图层，将图层复制，名称默认为"背景发光副本"。也可使用鼠标左键拖曳该图层至图层面板底部的图标 上后,松开鼠标左键复制图层。

(7)激活"背景发光副本",单击"编辑"→"变换"→"旋转",将白色三角形旋转180°,完成后分别选择"图层1"和"图层1副本",使用工具栏中的"移动工具" ,将两个图层之间的位置进行移动,最终效果如图6-2-8所示。

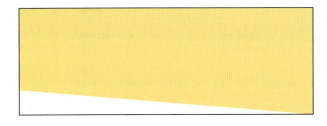

图6-2-7　背景效果一

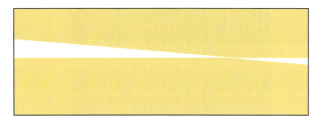

图6-2-8　背景效果二

(8)按住键盘上的"Shift"键,同时选中图层面板中的"背景发光""背景发光副本",单击图层面板右上角小三角图标 ,在弹出的下拉菜单中选择"合并图层",快捷方式为"Ctrl＋E"。

(9)将合并后的图层复制,复制后单击"编辑"→"自由变换"("Ctrl＋T"),旋转90°,确定后再次合并图层。如此反复多次形成放射状,最后使用"移动工具"移动至画面右下角,效果如图6-2-9所示。

(10)确定白色条纹图层为当前激活图层,单击"滤镜"→"模糊"→"高斯模糊",弹出"高斯模糊"对话框,输入模糊半径"3",单击"确定"。效果如图6-2-10所示。

图6-2-9　背景效果三

图6-2-10　背景效果四

(11)开始绘制右上角"低至5折"圆形图标。在工具栏中选择"椭圆选框工具" ,按住键盘"Shift"键的同时,点住鼠标左键拖曳鼠标,绘制正圆形选区,保持选区激活状态。

(12)设置背景色为"R:124。G:28。B:16",新建图层并修改图层名为"红色圆",再进行背景色填充,取消选区。使用"移动工具" 将红色的圆形移至图6-2-11所示的位置。

图6-2-11　圆形位置

(13)切换至工具栏中的文字工具 ,在画面空白处单击鼠标左键,出现闪动光标,输入数字5。

(14)单击"窗口"→"字符",弹出"字符"对话框,修改参数,如图6-2-12所示。单击"颜色",弹出拾色器,调整文字颜色为明黄色(R:255。G:211。B:3)。

(15)使用鼠标双击"红色圆"图层,弹出"图层样式"对话框,勾选"描边",调整描边颜色为明黄色(R:255。G:211。B:3),参数如图6-2-13所示,最终效果如图6-2-14所示。

图6-2-12　修改文字参数

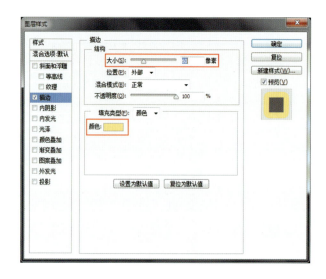

图6-2-13　圆形图标描边参数

(16)输入文字及添加文字效果。使用文字工具分三次输入"小""超""人",并在字符面板中调整文字参数,字号"72",文字颜色"R:255。G:204。B:51"。效果如图6-2-15所示。

图6-2-14　圆形图标描边效果

图6-2-15　文字效果一

(17)分别单击选择相应的文字图层,使用快捷方式"Ctrl+T"进入自由变换模式,旋转文字方向,效果如图6-2-16所示。

(18)使用同样的方式加入"冬""季""之""旅"四个字,并旋转方向,注意各个字的大小及角度,效果如图6-2-17所示。

图6-2-16　文字效果二

图6-2-17　文字效果三

(19)选中图层面板中所有的文字图层,将其合并。完成后双击该图层,弹出"图层样式"对话框,添加"描边"样式,描边颜色"R:124。G:28。B:16",参数如图6-2-18所示,效果如图6-2-19所示。

(20)再次新建空白图层,选中文字图层和空白图层,再次合并图层,保持了上一个描边的图层样式,也为后面的再次描边做准备工作。

(21)再次添加"描边"图层样式,描边颜色"R:255。G:204。B:51",描边大小"5",效果如图 6-2-20 所示。再次新建一个空白图层,并与文字图层进行第三次合并,准备进行第三次描边。

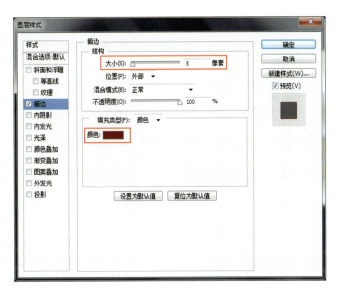

图 6-2-18　文字图层描边参数

图 6-2-19　文字效果四

图 6-2-20　文字效果五

(22)第三次添加"描边"图层样式,效果如图 6-2-21 所示。至此,完成了文字的多层描边的制作过程,文字的显示更加突出、立体。

(23)添加人物素材。单击"文件"→"打开",打开"小超人.png"文件,并使用"移动工具"拖曳至广告文件中。

(24)激活"小超人"图层,使用"自由变换"("Ctrl+T")修改素材大小,按住键盘"Shift"键,按比例缩放,使用"移动工具"调整其位置,效果如图 6-2-22 所示。

(25)添加"童装""低至折"文字,效果如图 6-2-23 所示。

(26)按住"Ctrl"键的同时,鼠标左键单击文字"5"图层,获得选区,效果如图 6-2-24 所示。

(27)按住"Ctrl+Shift+Alt"的同时,鼠标左键单击文字"低至折"图层,获得选区,效果如图 6-2-25 所示。

(28)新建一个图层,并填充颜色"R:124。G:28。B:16",完成后取消选区,效果如图 6-2-26 所示。

图 6-2-21 文字效果六

图 6-2-22 添加人物素材效果

图 6-2-23 添加文字效果

图 6-2-24 获取文字"5"选区

图 6-2-25 获取文字"低至折"选区

图 6-2-26 最终效果

第三节
项目案例二：苹果配件半价"疯"抢

该店铺主要销售各种苹果配件,其用户主要是 20~35 岁的年轻人,他们追求时尚潮品。此案例为店铺年终打折季宣传广告,横版方案(见图 6-3-1)。

图 6-3-1 苹果配件半价"疯"抢

1. 客户要求

客户:苹果淘宝配件店。

主题内容:店铺打折促销广告。

客户要求:客户提供广告制作规格,为横版 banner,主流苹果配件要得到展示,促销标题必须醒目惹眼。

设计思路:根据该店铺的主要消费群,方案设计采用直白简约的设计风格。方案设计以白色为底色,由于客户一再强调需出现产品展示图片,过于复杂的背景容易与产品本身抢镜,所以干净的背景、简单横排更为直观。文字采用了交叉选择的方式使用上下不同的色彩。

2. 设计步骤解析

(1)启动 Photoshop CS6 软件,单击"文件"→"新建",新建一个文档,尺寸大小为 670 像素×270 像素,分辨率为默认值 72 像素/英寸,颜色模式为 RGB,具体参数如图 6-3-2 所示。

(2)新建图层,并修改图层名称为"红色横线",使用"矩形选框工具" ,绘制横向矩形选区,如图 6-3-3 所示。

图 6-3-2 具体参数　　　　　　　　图 6-3-3 矩形选区

(3)选择工具栏中的"渐变工具" ,单击属性栏中的"渐变编辑器"图标(见图 6-3-4),弹出"渐变编辑器"对话框。

图 6-3-4 "渐变编辑器"图标

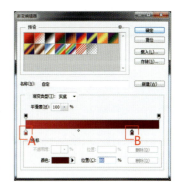

(4)如图 6-3-5 所示,单击 A 点,弹出拾色器,修改颜色(R:200。G:14。B:43)。单击 B 点,弹出拾色器,修改颜色(R:104。G:1。B:4)。然后单击"确定",完成编辑。

(5)按住"Shift"键,使用"渐变工具" ,从选区上方开始到选区底部结束,拖曳鼠标,完成垂直方向的红色渐变,然后取消选区,如图 6-3-6 所示。

(6)单击"视图"→"标尺",打开标尺,并从横向及纵向的标尺中拖曳出三条辅助线与红色调上、下、右对齐,如图 6-3-7 所示。

图 6-3-5 "渐变编辑器"对话框

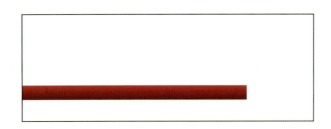

图 6-3-6　完成垂直方向的红色渐变

图 6-3-7　对齐

(7)使用"矩形选框工具"选择红色横条右边的一部分,将选中的部分复制,这时会自动生成并激活一个图层,修改该图层名为"红色竖线"。再使用"自由变换"将其旋转90°,并移动至与竖向辅助线对齐,如图6-3-8所示。此时可以反复显示或隐藏辅助线来观察效果。

(8)按住"Shift"键的同时,使用"矩形选框工具",绘制一个正方形选框,在选框内单击鼠标右键,在右键菜单中选择"变换选区",进入选区的自由变换模式,将正方形选区旋转90°,再将选区移动至图6-3-9所示位置,与辅助线对齐。

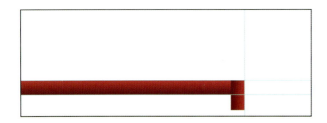

图 6-3-8　绘制红色竖线

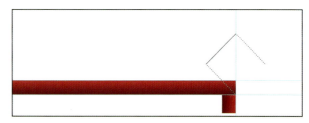

图 6-3-9　移动正方形选区

(9)选择"红色横线"图层,单击键盘上的"Delete"键删除选中的部分;再选择"红色竖线"图层,单击键盘上的"Delete"键删除选中的部分。取消选择。在图层面板中拖曳图层,将竖线图层拖曳至横线图层下,如图6-3-10所示。

(10)选择工具栏中的"单行选框工具",在图像中单击鼠标左键,生成横向的单行选区。新建一个图层并修改图层名称为"黑色横线",并在选框内填充黑色,然后取消选择。再使用"移动工具"调整黑线的位置,如图6-3-11所示。

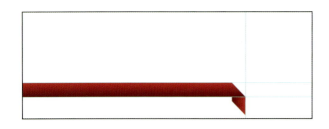

图 6-3-10　调整图层顺序

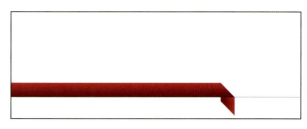

图 6-3-11　调整黑线的位置

(11)将"黑色横线"图层复制,并调整位置,然后将两个黑色横线图层合并,如图6-3-12所示。

(12)选择"滤镜"→"模糊"→"高斯模糊",弹出"高斯模糊"对话框,输入模糊半径"1"。细节如图6-3-13所示。

图 6-3-12　黑色横线图层合并　　　　图 6-3-13　细节一

(13)按住键盘"Ctrl"键,鼠标左键单击"红色横线"图层面板缩略图,快速获得选区,如图 6-3-14 所示。

图 6-3-14　快速获得选区

(14)单击"选择"→"反选",获得反向选区,然后选择"黑色横线"图层,单击键盘上的"Delete"键删除选中的部分。最后取消选择,如图 6-3-15 所示。细节如图 6-3-16 所示。

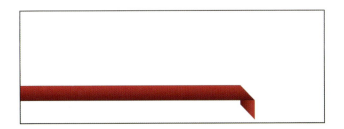

图 6-3-15　取消选择　　　　图 6-3-16　细节二

(15)使用相同的方式绘制竖向的黑色线条图层,并调整图层顺序,如图 6-3-17 所示。

(16)选择工具栏中的"画笔工具" ,并在参数栏中选择边缘羽化的画笔,如图 6-3-18 所示(注意:画笔粗细的调整可用键盘上的方括号键"["和"]"来控制)。

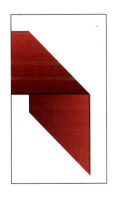

图 6-3-17　竖向黑色线条图层　　　　图 6-3-18　选择边缘羽化的画笔

(17)使用鼠标左键在图层面板中单击"红色竖线"图层的缩略图,获得选区,如图 6-3-19 所示。

(18)在"红色横线"和"红色竖线"两个图层间新建一个空白图层,并修改图层名为"横线投影",使用"画笔工具"在选区中绘制阴影的部分。效果如图 6-3-20 所示,细节如图 6-3-21 所示。

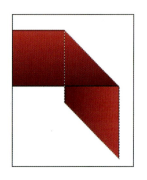

图 6-3-19 获得选区

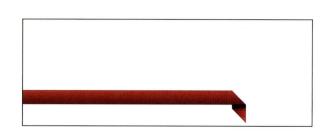

图 6-3-20 绘制阴影效果

(19)打开素材图像"Ipad.jpg",并用"移动工具"将其拖曳至编辑文档中,并修改图层名称为"IPAD"。选择"编辑"→"自由变换",或用快捷方式"Ctrl+T",修改素材图像"Ipad"的大小,如图 6-3-22 所示。

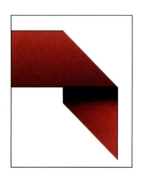

图 6-3-21 细节三

图 6-3-22 修改素材图像的大小

(20)在工具栏中选择"矩形选框工具",沿着素材图像"Ipad"的最下方绘制一个矩形选框,务必与素材图像"Ipad"的底端对齐,如图 6-3-23 所示。

(21)在工具栏中选择"魔棒工具",并在参数栏中选择"减少选定区域"模式,在素材图像"Ipad"的最下方单击被矩形选区覆盖的红色三角形区域,减选素材图像"Ipad"下方的红色三角形区域。最后单击键盘上的"Delete"键删除底端的白色部分,并调整位置。效果如图 6-3-24 所示。

图 6-3-23 绘制矩形选框

图 6-3-24 添加素材图像"Ipad"的效果

(22)绘制投影。新建一个图层,修改图层名称为"IPAD投影",在工具栏中选择画笔工具,并选择边缘羽化的画笔,调整画笔的粗细,颜色为黑色,在新建的图层中单击鼠标左键,绘制一个黑点,如图6-3-25所示。

(23)使用快捷方式"Ctrl+T"修改黑点的大小(压扁),并调整位置,如图6-3-26所示。

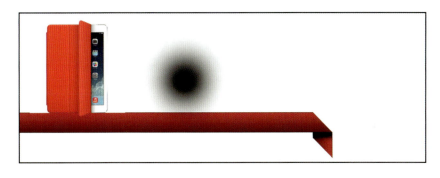

图6-3-25　绘制一个黑点　　　　　　　　　　图6-3-26　调整黑点位置

(24)打开素材图像"耳机.jpg",并用"移动工具"将其拖曳至编辑文档中,修改图层名称为"耳机"。选择"编辑"→"自由变换",或用快捷方式"Ctrl+T",修改素材图像"耳机"的大小。使用"魔棒工具",选择白色的区域,如图6-3-27所示。

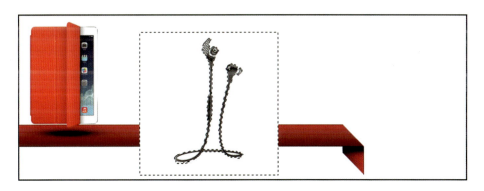

图6-3-27　选择白色的区域

(25)使用快捷方式"Ctrl+Shift+I"进行反选,然后在图层面板的最下方单击"添加图层蒙版"按钮,给"耳机"图层添加一个图层蒙版,用来隐藏白色的区域。完成后取消选择。效果如图6-3-28所示。

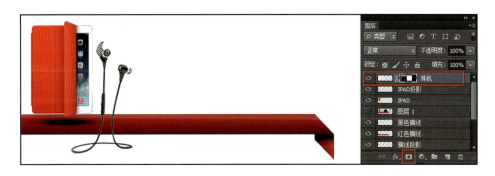

图6-3-28　添加素材图像"耳机"的效果

(26)在"耳机"图层的蒙版图标上单击鼠标左键,激活该图层蒙版,以保证当前是在蒙版中进行编辑。使用白色的边缘羽化画笔在素材图像"耳机"下方进行涂抹,将刚才隐藏的底部投影显示出来。前后效果对比如图 6-3-29 所示。

图 6-3-29　前后效果对比

（27）调整位置后，整体效果如图 6-3-30 所示。

（28）打开"耳机 2.jpg"和"键盘.jpg"两个素材图像，并拖曳至文档内，分别修改图层名称为"耳机 2"和"键盘"。修改素材图像大小及位置，效果如图 6-3-31 所示。

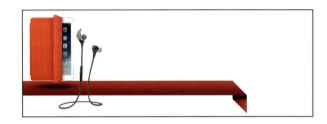

图 6-3-30　整体效果

图 6-3-31　添加素材图像"耳机 2""键盘"的效果

（29）分别输入"苹果配件""半价""疯"和引号。选择"窗口"→"字符"，打开"字符"对话框，调整文字大小、位置、颜色等参数。字体选择"方正粗倩简体"，红色为"R:201。G:14。B:44"，灰色为"R:204。G:204。B:204"。效果如图 6-3-32 所示。

（30）在工具栏中选择钢笔工具，在图像中按顺序绘制一个路径，顺序如图 6-3-33 所示（注意：1、3、4、5 号锚点在创立的时候都是单击鼠标左键，2 号点是拖曳鼠标左键）。

图 6-3-32　添加文字效果　　　　　　　　　图 6-3-33　顺序

（31）移动鼠标到 1 号点的位置，钢笔工具图标会出现一个小圆框，单击鼠标左键，以保证绘制的是一个封闭的路径。单击路径面板下方 图标，将路径作为选区载入，效果如图 6-3-34 所示。

（32）使用快捷方式，按住键盘中的"Ctrl＋Shift＋Alt"键的同时，鼠标左键单击"疯"字图层的图层缩略图，获得交叉选区，如图 6-3-35 所示。

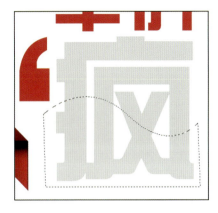

图 6-3-34　载入路径　　　　　　　　　图 6-3-35　获得交叉选区

(33)在"疯"字图层之上新建一个空白图层,填充蓝色(R:0。G:204。B:255)。完成后取消选区。本案例最终效果如图 6-3-36 所示。

图 6-3-36　最终效果

第四节
项目案例三:"双十一"年度狂欢盛典

每年的 11 月 11 日,由于这一天的日期里面有连续四个"1",这个日子便被定为"光棍节"。但是从 2009 年开始,每年的 11 月 11 号,以天猫、京东为代表的大型电子商务网站一般会利用这一天来进行一些大规模的打折促销活动,"光棍节"变成了名副其实的购物狂欢节(见图 6-4-1)。

图 6-4-1　"双十一"年度狂欢盛典

当然,这之前也是网络广告设计师一年中最为繁忙的时候。为了"双十一",大家往往提前几个月就开始进行宣传制作工作。

1. 客户要求

客户:淘宝网。

主题内容:淘宝"双十一"年度狂欢盛典。

客户要求:"双十一"活动时间突出、活动内容简单易读。品牌风格得到延续,主题明确。

设计思路:此项目为横版通栏大幅广告,其设计构思要在把握整体画面风格的前提下,去安排构图的主宾、疏密、文字大小等构成关系,背景的处理采用了绚丽的背景色,加上肌理效果的处理,烘托前景主题元素,"双十一"得到重点强调。

2. 设计步骤解析

(1)启动 Photoshop 软件,单击"文件"→"新建",新建文档,尺寸大小为 770 像素×400 像素,分辨率为默认值 72 像素/英寸,颜色模式为 RGB,具体参数如图 6-4-2 所示。

(2)打开"背景001.jpg"素材文件,并拖曳至新建的文档内,修改图层名称为"背景001",使用"自由变换"命令修改其大小,修改其图层"不透明度"为50%,效果如图 6-4-3 所示。

图 6-4-2　具体参数　　　　　　　　　图 6-4-3　效果一

(3)打开"背景002.jpg"素材文件,并拖曳至新建的文档内,修改图层名称为"背景002",使用"自由变换"命令修改其大小,修改其图层混合模式为"正片叠底",效果如图 6-4-4 所示。

图 6-4-4　效果二

(4)打开"素材人物.jpg"素材文件,并拖曳至新建的文档内,修改图层名称为"素材人物",使用"自由变换"命令修改其大小,调整位置。在图层面板中修改该图层的图层混合模式为"正片叠底",效果如图 6-4-5

所示。

(5)在图层面板中选择"背景 002"图层,单击图层面板底部的图标 ,为该图层添加一个图层蒙版。先激活蒙版,再选择画笔工具,画笔颜色调整为黑色(R:0。G:0。B:0),在人物的部分涂抹,隐藏与人物重合的背景部分,效果如图 6-4-6 所示。

图 6-4-5　效果三　　　　　　　　　　　　　　　　　图 6-4-6　效果四

(6)用同样的方式,选择"背景 001"图层,隐藏与人物重合的部分,效果如图 6-4-7 所示。

(7)添加文字。按照图 6-4-1 所示的效果,输入文字,注意每行文字都是分开输入的。然后使用"自由变换"命令或使用字符面板调整文字大小。文字颜色为白色(R:255。G:255。B:255)。使用"移动工具"调整纵向间距。完成后,按住"Ctrl"键,使用鼠标左键选择所有的文字图层,再单击图层面板中的链接图层按钮 ,将所有文字图层链接起来,如图 6-4-8 所示。

图 6-4-7　效果五　　　　　　　　　　　　　　　　　图 6-4-8　链接所有文字图层

(8)在工具栏中选择"移动工具",在参数栏中选择纵向居中对齐图标,如图 6-4-9 所示。效果如图 6-4-10 所示。

图 6-4-9　纵向居中对齐图标

(9)选择"矩形选框工具",绘制两个矩形选框。分别填充红色(R:253。G:62。B:129)和白色(R:255。G:255。B:255)。再使用"移动工具"调整位置。效果如图 6-4-11 所示。

(10)添加自定义图形。在工具栏中选择"自定形状工具" ,并在参数栏中选择所需形状,如图 6-4-12

所示。

图 6-4-10　效果六

图 6-4-11　效果七

图 6-4-12　选择所需形状

（11）在白色的矩形位置绘制一个"心"形路径，使用快捷方式"Ctrl＋Enter"将路径转换为选区，新建一个空白图层，并填充红色（R:253。G:62。B:129），如图 6-4-13 所示。

（12）添加文字，并修改字号及颜色（R:253。G:62。B:129）。效果如图 6-4-14 所示。本案例最终效果如图 6-4-15 所示。

图 6-4-13　填充红色

图 6-4-14　效果八

图 6-4-15　最终效果

第五节
项目案例四：2014汽车内饰网络广告

1. 客户要求

客户：汽车内饰淘宝网店。

主题内容：淘宝2014汽车内饰静态广告制作。

客户要求：此项目是竖版网络广告，强调2014年第一波新品发售，客户要求大气、时尚。

设计思路：本广告的宣传以它的前沿时尚作为设计主题，在图像图片的创作中，需针对目标消费者的心理特点和审美意识进行设计。由此本广告设计采用天空背景，烘托体现汽车驰骋天下的风采。色调采用冷暖对比，更具视觉冲击力。由于是竖版的广告，所以文字排列需简短有序。汽车内饰网络广告如图6-5-1所示。

2. 设计步骤解析

（1）启动Photoshop软件，单击"文件"→"新建"，新建文档，尺寸大小为160像素×400像素，分辨率为默认值72像素/英寸，颜色模式为RGB，具体参数如图6-5-2所示。

（2）添加素材并制作背景。打开"车.jpg"素材文件，并拖曳至新建的文档内，修改图层名称为"车"，使用"自由变换"命令修改其大小，效果如图6-5-3所示。

（3）打开"天空.jpg"素材文件，并拖曳至新建的文档内，修改图层名称为"天空"，使用"自由变换"命令修改其大小。给"天空"图层添加蒙版，用黑色的画笔工具在蒙版中进行涂抹，将底部的部分隐藏。效果如图6-5-4所示。

图6-5-1 汽车内饰网络广告

图6-5-2 具体参数

图6-5-3 效果一

(4)使用 "渐变工具",将前景色调整为橘色(R:255。G:78。B:0)。在参数栏中选择"前景色到透明渐变",如图 6-5-5 所示。

图 6-5-4 效果二

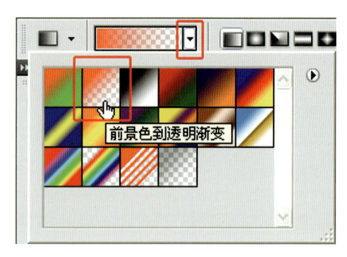

图 6-5-5 渐变

(5)在图层面板中新建一个空白图层,修改图层名称为"天空渐变",按住键盘"Shift"键的同时,做从上至下的垂直渐变,如图 6-5-6 所示。

(6)在图层面板中修改渐变图层的图层混合模式为"叠加",如图 6-5-7 所示。

(7)新建一个空白图层,修改图层名称为"白色矩形",使用"矩形选框工具"绘制一个矩形选区,并填充为白色。完成后取消选择,如图 6-5-8 所示。

图 6-5-6 垂直渐变

图 6-5-7 叠加

图 6-5-8 填充矩形选区

(8)进入自由变换模式,在图像中单击鼠标右键,在弹出的右键菜单中选择"斜切",将白色矩形变形。过程及效果如图 6-5-9 所示。

(9)输入文字"网络特供发售",颜色任意,如图 6-5-10 所示。使用"自由变换"→"斜切"的方式将文字进行斜切处理,效果如图 6-5-11 所示。

(10)按住键盘"Ctrl"键的同时,鼠标左键在文字图层的缩略图处单击,获取文字形状的选区。再单击该

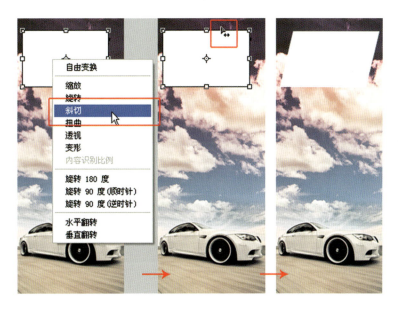

图 6-5-9　将白色矩形变形

图层左侧的图标 ◉ 将图层隐藏,如图 6-5-12 所示。

(11)单击"选择"→"反选",再到图层面板中单击"添加图层蒙版"按钮 ◉ ,为白色四边形图层添加蒙版,隐藏文字选框的部分,如图 6-5-13 所示。

图 6-5-10　输入文字"网络特供发售"

图 6-5-11　将文字进行斜切处理

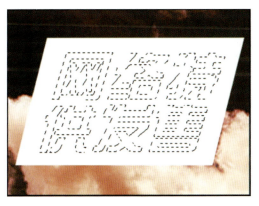

图 6-5-12　将图层隐藏

图 6-5-13　隐藏文字选框的部分

(12)在"网络特供发售"文字图层的缩略图处单击鼠标左键,获得选区。再单击图层面板的图标 ,选择"色阶",添加一个效果图层,在弹出的"色阶"面板中调整数值参数,改变该区域的颜色色阶,注意图层顺序。步骤及效果如图 6-5-14 所示。

图 6-5-14　改变色阶

(13)以相同的方式输入文字"史上""最强""内饰",调整文字大小、位置及颜色(R:174。G:18。B:15),并将三个文字图层合并为一个普通图层,如图 6-5-15 所示。

(14)单击图层面板底部的图标 fx,添加"描边"的图层样式,描边颜色为白色(R:255。G:255。B:255)。参数及效果如图 6-5-16 所示。

图 6-5-15　合并文字图层

图 6-5-16　描边

(15)输入"第壹季"文字,并修改大小、位置及颜色(R:174。G:18。B:15),如图 6-5-17 所示。

(16)输入"ONE"文字,并修改大小、位置及颜色(R:227。G:227。B:227),并给图层添加一个"斜面和浮雕"图层样式,参数及效果如图 6-5-18 所示。

(17)输入"2014 优惠升级"文字,并修改大小、位置及颜色(R:255。G:255。B:255),并给图层添加一个"投影"图层样式,参数及效果如图 6-5-19 所示。

(18)输入"活动时间:1月1日—1月31日"文字,并修改大小、位置及颜色(R:0。G:0。B:0),并给图层添加一个"投影"图层样式,投影颜色为白色(R:255。G:255。B:255)。参数及效果如图 6-5-20 所示。最终效果如图 6-5-21 所示。

图 6-5-17　添加文字"第壹季"

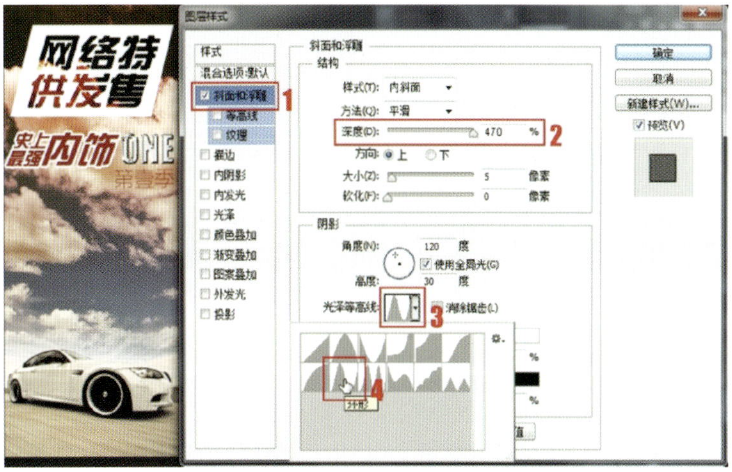

图 6-5-18　添加文字"为ONE"

图 6-5-19　添加文字"2014优惠升级"

图 6-5-20　添加活动时间文字

图 6-5-21　最终效果

第七章
网络动画广告的制作

> 课 程 内 容

本章学习 Flash 软件中各绘图工具的使用与逐帧动画的制作,掌握矢量绘图的方法和使用关键帧、空白帧、插入帧制作动画的方法。

> 知 识 目 标

掌握逐帧动画的制作原理,将理论转换为设计实践。

> 能 力 目 标

通过学习矢量绘图和逐帧动画,对简单的网络动画广告制作有一个初步认识,也为进一步的学习打下坚实的基础。

第一节
Flash 软件基础介绍

Flash 软件如图 7-1-1 所示。

Flash 是美国的 Macromedia 公司于 1999 年 6 月推出的优秀网页动画设计软件。它是一种交互式动画设计工具,用它可以将音乐、声效、动画以及富有新意的界面融合在一起,以制作出高品质的网页动态效果。

启动后,在弹出的对话框中选择新建项目(见图 7-1-2,一般选择 ActionScript 2.0 或 ActionScript 3.0。ActionScript 2.0 版本较老;ActionScript 3.0 将设计和编程分开,是面向对象的编程语言,推荐使用),就会进入 Flash 的工作界面(见图 7-1-3)。Flash 的工作界面由以下几部分组成。

图 7-1-1　Flash 软件

图 7-1-2　新建项目对话框

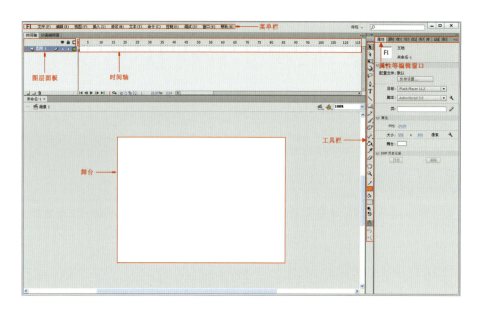

图 7-1-3　工作界面

1. 菜单栏

菜单栏为整个环境下所有窗口提供菜单控制,包括文件、编辑、视图、插入、修改、文本、命令、控制、调试、窗口、帮助,共十一项。

2. 时间轴

时间轴用于组织和控制影片内容在一定时间内播放的层数和帧数。可以简单理解时间轴是决定画面出现先后顺序及所在层次的工具。

3. 图层面板

图层就像透明的醋酸纤维薄片一样,在舞台上一层层地向上叠加。图层可以帮助组织文档中的插图。可以在图层上绘制和编辑对象,而不会影响其他图层上的对象。如果一个图层上没有内容,那么就可以透过它看到下面的图层。图层面板可对图层进行重命名、删除、添加等编辑。

4. 舞台

舞台是用来显示 Flash 元素的平台,所以在制作动画时必须把做好的元素放置到舞台相应的位置,舞台之外的元素在播放动画时不会被显示出来。

5. 工具栏

工具栏中的工具可用来选择、绘制、编辑及查看图像。拖动工具箱的标题栏,可移动工具箱。单击可选中工具,属性面板会显示该工具的属性选项,可进行编辑。有些工具的右下角有一个小三角形符号,这表示在工具位置上存在一个工具组,其中包括若干个相关工具。

6. 属性等编辑窗口

共有 24 个面板,可通过"窗口/显示"来显示面板,可对舞台上的元素进行编辑。

第二节
项目案例一:维客多广告

网络广告最主要的效果之一就表现在对企业品牌价值的提升,这也说明了为什么用户浏览而没有点击网络广告同样会在一定时期内产生效果。在所有的网络营销方法中,网络广告的品牌推广价值最为显著。同时,网络广告丰富的表现手段也为更好地展示产品信息和企业形象提供了必要条件。维客多广告如图 7-2-1 所示。

图 7-2-1　维客多广告

1. 客户要求

客户:维客多餐饮管理有限公司。

主题内容:"双十一"抢先预定网络广告。

客户要求:在这个"双十一"抢先预定广告中,要求能够准确地体现出餐厅的定位和档次,吸引食客,主题明确突出,制作精美,起到宣传和扩大公司知名度的作用。

设计思路:本广告是为了"双十一"进行促销而设计的。虽然是餐饮广告,但是主题在于"不单单是一顿晚餐""品位,从身到心的优雅"。面向的食客群主要是年轻白领,因此在用色上需要鲜艳,配合各种矢量食品图片的抛撒,营造出热闹欢快的气氛。抛撒的过程需要注意加速与减速,越向上越慢,越向下越快。文字是广告的核心,因此在构图上文字居中,占据大部分的位置,同时为了引人注意,使用比较粗的字体。主要的广告语用一种特殊字体(案例中用的是长城新艺体),其余的文字用常见的黑体,同时注意文字的停留时间,必须要给足够的时间让人看清楚。

广告主要涉及 Flash 软件中逐帧动画的制作及矢量绘图工具的使用。

2. 设计步骤解析

(1)启动 Flash 软件,选择菜单栏中的"文件"→"新建"命令,打开"新建文档"对话框新建文档,参照图7-2-2所示对话框进行设置,创建一个空白文档。

(2)单击工具栏中"矩形工具" ,短暂停留后弹出隐藏菜单,选择"椭圆工具" ,在"属性"面板中设定椭圆轮廓线缺省,填充色为黄色(♯FEF334),参数如图7-2-3所示。

图7-2-2 "新建文档"对话框

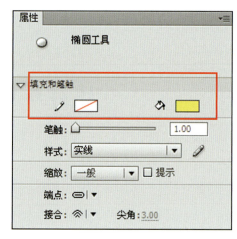

图7-2-3 椭圆参数

(3)回到场景绘制椭圆。调整椭圆位置为舞台内外各一半,如图7-2-4所示。单击时间轴上轮廓显示,检查椭圆位置(见图7-2-5)。双击图层名,更改图层名为"黄色椭圆",由于该图层设计中没有动画动作,所以将此图层锁定(见图7-2-6)。

(4)单击图层面板下方"新建图层"按钮,新建图层,命名为"闪烁圆环"(见图7-2-7),选中该图层,拖曳到黄色椭圆下面。

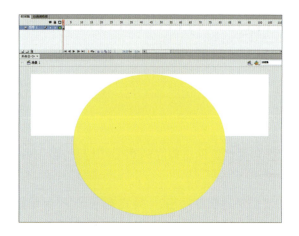

图7-2-4 调整椭圆位置

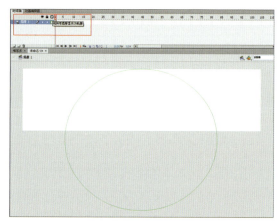

图7-2-5 检查椭圆位置

图7-2-6 图层锁定

图7-2-7 新建"闪烁圆环"图层

(5)激活"闪烁圆环"图层,选择"椭圆工具"，设定轮廓线缺省,填充#F93C7C(见图7-2-8)。

(6)激活粉红色椭圆图层,此时的椭圆是"形状"属性,显示状态为白色小点(见图7-2-9)。单击"修改"→"组合",组合该椭圆(见图7-2-10)。双击该图形可以进入图形内部编辑。

 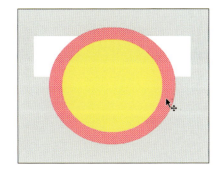 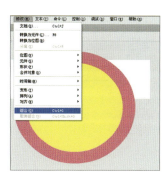

图 7-2-8　填充　　　　　图 7-2-9　椭圆的显示状态　　　　图 7-2-10　组合

(7)单击左上角的场景按钮回到场景(见图7-2-11)。激活"闪烁圆环"图层。在工具栏中选择"椭圆工具"，设定"对象绘制"(见图7-2-12),再次由大到小、颜色由浅入深,绘制两个椭圆。

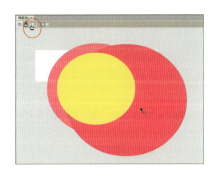 

图 7-2-11　回到场景　　　　　图 7-2-12　设定对象绘制

备注:"对象绘制"作用是把图形绘制成一个单独的对象,可以有层叠效果。可以有效地避免与其他图形重合在一起时产生的修剪,并且还可以直接改变绘制对象的颜色、形状,又不像元件或组那样需要进入才能编辑。所以"对象绘制"就是让图形对象形成元件或组那样的独立性和图形的直接可编辑性。

(8)选中任何椭圆对象,单击"修改"→"排列"可调整其上下关系,或右键单击也可弹出此菜单(见图7-2-13)。

(9)单击时间轴"闪烁圆环"第一帧,选中该关键帧中所有对象,单击"窗口"→"对齐",勾选"与舞台对齐",单击水平居中对齐、垂直居中对齐两个选项,使椭圆呈同心状对齐,如图7-2-14所示。

(10)调整"闪烁圆环"图层中所有椭圆与黄色椭圆形成同心圆,如图7-2-15所示。

(11)由于设定广告时长为5秒钟,按照帧频为24 fps来计算,一秒钟播放24帧,5秒钟则播放120帧,所以该Flash的总时间是120帧。单击时间轴120帧,右键菜单中选择"插入帧"为所有图层,将帧延长至120帧。

备注:帧通常包括关键帧、空白关键帧、普通帧三种(见图7-2-16)。

帧是进行Flash动画制作的最基本的单位。每一个Flash动画文件都是由很多个帧构成的。在时间轴上的每一帧都可以包含需要显示的所有内容,包括图形、声音、各种素材和其他多种对象。

图 7-2-13　对象排列

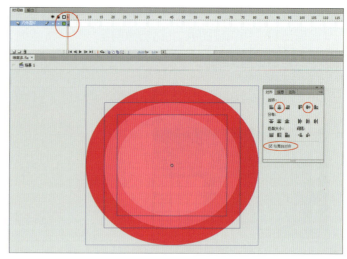

图 7-2-14　"闪烁圆环"图层椭圆对齐

图 7-2-15　同心圆

图 7-2-16　帧的类型

关键帧——起关键作用的帧,快捷键为 F6。关键帧定义了动画的关键画面。不同内容的关键帧分布在时间轴上,播放时就会呈现出动态的视觉效果。

空白关键帧——空白关键帧是关键帧的一种,它没有任何内容,快捷键为 F7。如果舞台上没有任何内容,那么插入的关键帧相当于空白关键帧。

普通帧——在时间轴上能显示实例对象,但不能对实例对象进行编辑操作的帧,快捷键为 F5。

(12) 设计构思中,"闪烁圆环"图层中的椭圆的动画效果是不同的颜色不断地向外扩散。要做出这样的效果,需要反复多次插入关键帧,形成一个循环播放,使用图形元件来制作此种效果最为便捷。

(13) 回到"闪烁圆环"图层,圈选该图层中所有椭圆,单击"修改"→"转换为元件"(或右键单击也可弹出此菜单),将它们转换为"图形"元件,命名为"闪烁圆环"(见图 7-2-17)。

(14) 舞台中双击转换好的图形元件,进入"闪烁圆环"元件内部编辑,在图层的第 3、5 帧处插入关键帧。由于第 1 帧中的颜色已经设定好,从里到外,颜色的顺序是浅桃红、深桃红、玫红,现在开始调整第 3、5 帧上的椭圆颜色。如果颜色要循环向外扩散,那么位于最外面一圈的玫红就会进入最里面一层,所以下一个关键帧的颜色顺序就是玫红、浅桃红、深桃红。将第 5 帧颜色顺序再次调整,如图 7-2-18 所示。

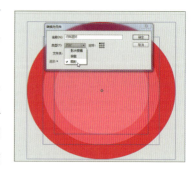

图 7-2-17　转换为"图形"元件

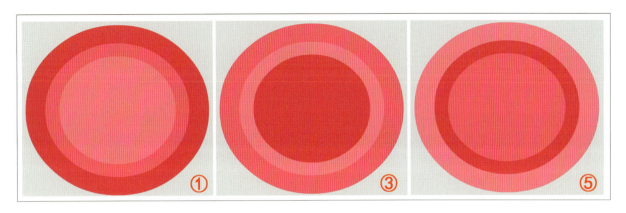

图 7-2-18　颜色顺序

(15)需要注意的是,每个关键帧持续 2 帧,所以这一段动画完整地来说应该是第 1~6 帧。因此,右键单击第 6 帧插入帧(见图 7-2-19),保证此图形元件按规律节奏播放。

(16)双击场景中灰色区域回到场景。在时间轴上拖动时间轴播放头检测元件播放是否正常(见图 7-2-20),在拖动过程中可以看到,刚才在"图形"元件中制作的 6 帧动画,在场景中实现了反复循环的效果。颜色扩散效果制作完成,锁定该图层。这种扩散效果是在网络广告中经常使用的手法,读者可以在今后的项目中举一反三。

图 7-2-19　插入帧　　　　　　　　　　　图 7-2-20　检测元件播放是否正常

(17)开始制作放射线。在"闪烁圆环"图层与"黄色椭圆"图层之间新建一个图层,命名为"放射线",如图 7-2-21 所示。

(18)为了方便绘制放射线,将"黄色椭圆"图层设定为显示轮廓线,如图 7-2-22 所示。

(19)单击工具栏的"线条工具" ,并单击工具栏下方的"紧贴至对象"按钮 。单击此按钮后,在已有一根线条的情况下,邻近的地方画第二条线时,线条的端点可以自动地和第一条线连接,这样可以保证线条勾出的图形是封闭的,更加方便填充颜色。

图 7-2-21　增加"放射线"图层

(20)在场景中绘制出一个三角形的放射线,如图 7-2-23 所示,也可使用工具栏中"选择工具" 对形状进行调整。

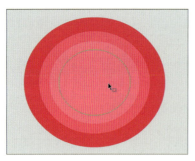
图 7-2-22　显示轮廓线

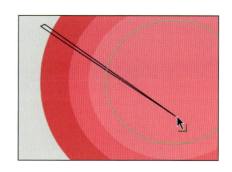
图 7-2-23　绘制放射线

（21）切换到工具栏中"油漆桶工具"，填充绘制好的三角形放射线，如图 7-2-24 所示。使用"选择工具"，双击放射线的轮廓线，删除轮廓线，如图 7-2-25 所示，"修改"→"组合"该放射线。

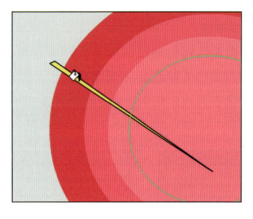
图 7-2-24　填充放射线

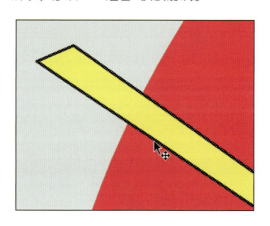
图 7-2-25　选中并删除轮廓线

（22）切换到工具栏的"任意变形工具"，选中舞台上的放射线，将其端点调整到右下角，如图 7-2-26 所示，为后面放射线的绘制做准备。

（23）使用"选择工具"选中该放射线，单击鼠标右键，在弹出菜单中选择"复制"，在舞台上任意地方单击鼠标右键，在菜单中选择"粘贴到当前位置"，此时两个放射线已然重叠。切换到工具栏的"任意变形工具"，选中放射线，将光标移动到左上角，出现旋转光标后顺时针旋转该放射线，如图 7-2-27 所示。

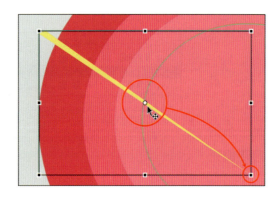
图 7-2-26　调整放射线端点

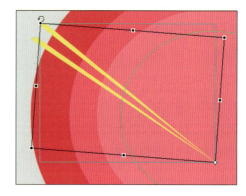
图 7-2-27　旋转放射线

（24）重复前面的操作，并用黄白交错的方式填充颜色，调整宽窄，最终达到如图 7-2-28 所示的效果。

（25）为了制作闪烁的放射线动画，将"放射线"图层所有对象选中并转换为"放射线"图形元件。双击该

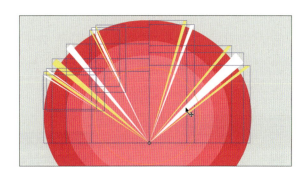

图 7-2-28　效果

元件进入元件内部编辑。在图层第 3 帧插入关键帧,使用"油漆桶"工具将黄白两种颜色换位,如图 7-2-29 所示。与"闪烁圆环"元件相同,为了实现动画的规律循环,在第 4 帧处插入帧。回到场景,拖动时间轴播放头检测循环效果(见图 7-2-30)。

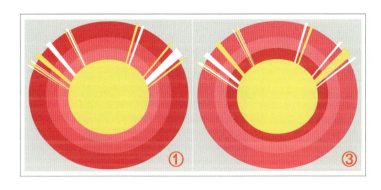

图 7-2-29　颜色换位　　　　　　　　　　　　图 7-2-30　检测循环效果

(26)开始制作建筑群。由于房子很多,每一个都需要新建图层,为了方便,使用文件夹管理。回到时间轴,单击"新建文件夹"按钮，将新建的文件夹命名为"房子们",并拖曳到"黄色椭圆"图层的上方,如图 7-2-31 所示。

(27)单击图层面板的"新建图层"按钮，命名为"蓝色房子",并将此图层拖至"房子们"文件夹上后松开,将此图层放置在文件夹中。

(28)激活"蓝色房子"图层,在第 3 帧处设置关键帧,切换到工具栏的"矩形工具"，设定"对象绘制"，并调整填充状态,选择关闭填充色,保留轮廓线,如图 7-2-32 所示。准备绘制蓝色房子外轮廓。

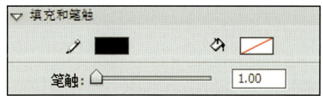

图 7-2-31　"房子们"　　　　　　　　　　　图 7-2-32　填充和笔触

(29)在舞台上画出一个矩形框,双击矩形框的边缘,进入"对象绘制"的矩形框内部进行绘制。单击工具栏的"线条工具"，绘制出 180°、90°的线条,在矩形上绘制格子,保证线条之间不相互干扰,也是"对象绘制"状态。

(30)为了进行颜色填充,圈选所有线条,单击"修改"→"取消组合",如图7-2-33所示。

(31)清除多余线条,呈现出房子的结构。切换到"油漆桶"工具,填充上色,填充效果如图7-2-34所示。使用"橡皮擦工具",在其选项栏中选择"擦除线条"(见图7-2-35),擦除所有的轮廓线。蓝色房子最终绘制完成,如图7-2-36所示。

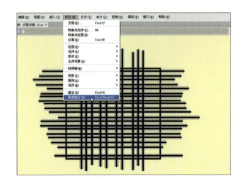

图7-2-33　取消组合

图7-2-34　蓝色房子填充效果

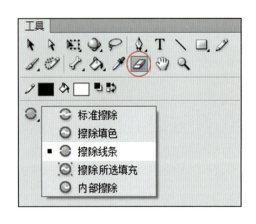

图7-2-35　选择"擦除线条"

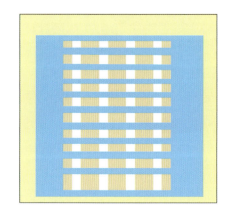

图7-2-36　蓝色房子

(32)蓝色房子绘制完成以后,可以开始制作该层的动画。设计思路中,房子在画面下方,为了避免呆板,制作出更生动的动画效果,可以让房子增加一些弹性拉伸。这个过程非常短暂,用3个关键帧就可以完成。这里及前面"闪烁圆环"及"放射线"图形元件所使用的手法,皆是Flash中的"逐帧动画"。

备注:用Flash制作简单的逐帧动画,这是一种常见的动画手法。它的原理是将一个动画的连续动作分解成一张张的图片,把每一张图片用关键帧描绘出来,Flash将这些关键帧连续播放,形成许多生动有趣的动画效果。

(33)"蓝色房子"图层第5帧插入关键帧,单击工具栏的"任意变形工具",拖动上方控制点,将蓝色房子向上拉伸,如图7-2-37所示。

(34)右键单击时间轴上第3帧,在弹出菜单中选择"复制帧",并在第7帧位置右键单击,在弹出菜单中选择"粘贴帧"。

(35)单击时间轴上的"绘图纸外观"按钮(见图7-2-38),调整时间轴上的控制括号,设定第3帧至第7帧的绘图纸外观显示,这样第3~7帧的内容会同时显示在舞台上。

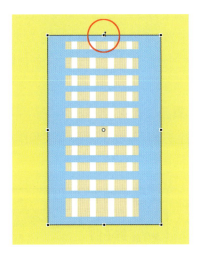

图 7-2-37　将蓝色房子向上拉伸

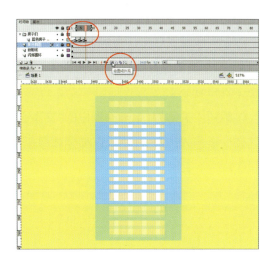

图 7-2-38　"绘图纸外观"按钮

（36）在此状态下，将时间轴播放头依次移动，调整第3、5、7帧上房子的状态及位置。房子制作成有弹性的入镜动画，如图7-2-39所示。

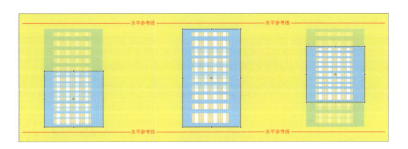

图 7-2-39　入镜动画

（37）使用此种方法，制作其他的房子，让"房子们"依次出现，并同样放置于"房子们"文件夹中（见图7-2-40）。

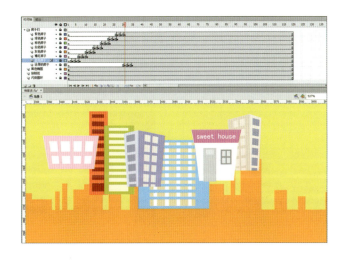

图 7-2-40　依次出现的"房子们"

（38）需要注意的是，制作的过程中应将已经做好的部分设定为显示轮廓线，观察它与舞台之间的位置关系是否合理。在设计安排中，最中间的黄色椭圆的部分需要添加文字。一个广告最重要的部分就是广告语,如果广告语的位置不够合理,就会让人忽略了广告的作用,动画的效果再好也没有用。在这里务必要让房子处在画面下方,不能喧宾夺主。黄色椭圆占据中间的大部分位置,接近舞台顶部,如图7-2-41所示。

(39)下面开始广告语的制作。在"房子们"文件夹上方新建一个"广告语"文件夹,并新建图层,命名为"维客多",如图7-2-42所示。

(40)在第41帧插入关键帧,单击工具栏的"文本工具",在舞台上输入"维客多"。在"字符"属性栏中选择"长城新艺体",字号大小为30点。这种字体厚重且方正,看上去醒目,比较适合用来制作标题广告语,如图7-2-43和图7-2-44所示。

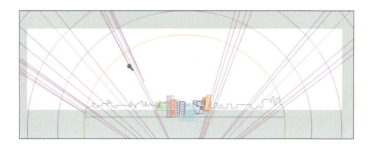

图7-2-41 黄色椭圆位置

图7-2-42 新建"维客多"图层

图7-2-43 输入"维客多"

图7-2-44 设置字符属性

(41)为了突出"维客多"品牌,让名称更醒目,对其进行描边处理。但是在"文本"属性下是无法进行此种处理的,所以需要将"文本"属性转换为"形状"。右键选中"维客多",在弹出菜单中选择"分离",第一次分离仅仅只是将词组拆分,还需在此基础上进行二次分离。当文字呈现出点状效果,说明已经由文字变成了形状,如图7-2-45和图7-2-46所示。

图7-2-45 "维客多"分离一

图7-2-46 "维客多"分离二

(42)在工具栏"油漆桶工具"的隐藏菜单中找到"墨水瓶工具",在其属性栏中进行设置,如图7-2-47所示。顺着"维客多"边缘点击,自动描出白色的轮廓,如图7-2-48所示。

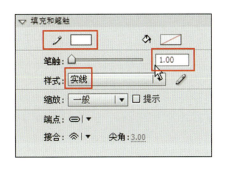

图 7-2-47　设置

图 7-2-48　增加轮廓

（43）设定文字的弹性动作。使用"任意变形工具"对第 40、43、45 帧上的文字进行设定，文字呈现先小后大再小的动画效果。完成后锁定"维客多"图层。

（44）用同样的方法新建图层。从第 50 帧开始制作文字图层"不单单是一顿晚餐"，属性栏中选择长城新艺体，字号大小为 15 点。放置到相应的位置，并依照前面讲到的描边方法，给文字描上白边，并设定一个由小到大到略小的动画过程，如图 7-2-49 所示。

图 7-2-49　文字动画效果

（45）此广告为餐饮类广告，作为点缀的食物图片是不可或缺的广告元素。在"广告语"文件夹上方再次新建命名为"食物们"的文件夹。菜单栏中单击"文件"→"导入"→"导入到库"（见图 7-2-50），在弹出的对话框中选择"热狗.png"等需要使用的素材，将所有食物图片素材导入"库"中备用。

（46）在时间的设定上，食物图片出现在广告语之后，所以"食物们"动画设定在 70 帧以后。在动作的设定上，所有食物图片并不是同步直线抛撒，而是陆续抛物状抛撒。这样一来，每个食物图片的关键帧所在的位置必然不尽相同，应该是互相错开的。

（47）以比萨图片的抛撒为例，介绍一下制作方法：新建图层"比萨"，在第 80 帧处设定关键帧，从"库"中将"比萨 A"拖入场景。用"任意变形工具"把比萨图片调整到相应的大小，放置到舞台以外，如图 7-2-51 所示。

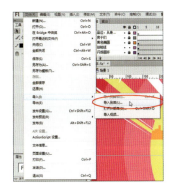

图 7-2-50　导入素材图片

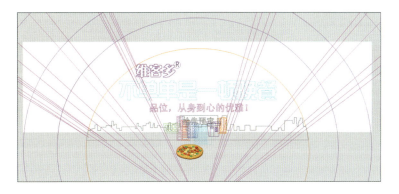

图 7-2-51　放置到舞台以外

(48)由于抛撒的过程需要流畅迅速,所以这里再次使用逐帧动画,起始处每个关键帧持续1帧,当比萨被抛起以后接近和到达最高点时才让关键帧状态持续2帧或3帧,降低比萨的运动速度。做这一段动画需要注意的是,抛撒的过程都是抛物线轨迹,上升的过程是一个减速运动过程,物体越往上,每个关键帧之间的距离越小,接近最高点的地方会有重叠;下降的过程是一个加速运动过程,物体越往下,每个关键帧之间的距离越大。在抛撒的过程中物体会有倾斜和转向,需要使用"任意变形工具"调整。图7-2-52所示是比萨的所有关键帧在绘图纸外观的模式下显示的形态。

(49)图7-2-53所示是所有食物的动画在编辑多个帧的模式下显示的效果。

(50)制作完所有的"食物们"动画以后,在"食物们"文件夹上方新建一个文件夹,命名为"彩纸"。在"彩纸"文件夹内部新建图层制作彩纸动画,原理同上,在此不再赘述,如图7-2-54所示。

图 7-2-52　比萨运动轨迹

图 7-2-53　各种食物运动轨迹

图 7-2-54　彩纸动画

(51)所有的动画制作完毕后,注意让最后帧的状态有一定时间的停留,务必保证文字出现以后稍稍停留一下,让顾客有一定的时间看清楚文字,从而加深宣传效果。

(52)测试影片。在菜单栏中单击"控制"→"测试影片"→"测试"(见图7-2-55),观看最终的广告效果,如图7-2-56所示。

图 7-2-55　测试影片

图 7-2-56　最终广告效果

第三节
项目案例二：小白娘子手作店广告

淘宝店家是网络广告的重要客户群，产品推广、定期上新，都要进行必不可少的宣传。淘宝广告不仅是网络产品的完美呈现，而且是店面形象及店主品位的体现。小白娘子手作店广告如图 7-3-1 所示。

图 7-3-1　小白娘子手作店广告

1. 客户要求

客户：小白娘子手作店。

主题内容：手作饰品网络广告。

客户要求：这则网络广告是为淘宝店家"小白娘子手作店"设计的冬至上新的宣传广告。该广告在色彩上宁静文雅，画面设计简洁婉约，主要体现客户要求的"简单生活、安静享受"的情绪表达。

设计思路：小白娘子整店设计古朴娟秀，宛如心思灵巧的大家闺秀。为了承袭整店的设计风格，广告设计方案也采用委婉细腻的手法，通过 Flash 软件中元件划入、划出及淡入、淡出等制作手法实现所需的效果。

整个广告的制作分成四个阶段完成：第一则广告完全出现在画面中；第一则广告图片至第二则广告图片的过渡；第二则广告全部呈现在场景中；第二则广告回至第一则广告的循环。

由于这则网络广告的设计要求简单直观，所以选择两张店主提供的商品图片、网店标识及上新通知的文字信息内容即可。图片需要在 Photoshop 软件中提前设计处理，并设定成广告需要的尺寸和分辨率。

2. 设计步骤解析

（1）打开 Flash 软件，弹出新建窗口，选择新建 ActionScript 3.0 文档（见图 7-3-2），在右侧属性面板中设置文件大小为宽 720 像素、高 336 像素，24 帧频（见图 7-3-3）。

图 7-3-2　新建 ActionScript 3.0 文档

图 7-3-3　设置文件属性

(2)单击"文件"→"导入"→"导入到库"(见图 7-3-4),将素材文件"pic_1.jpg""pic_2.jpg"导入"库"保存留用,如图 7-3-5 所示。

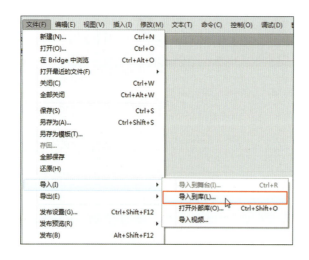

图 7-3-4　从外部导入图片

图 7-3-5　文件库

备注:"库"面板像一个图书馆一样,存储着一部动画的所有文件。"库"面板是 Flash 中存储和组织元件、位图、矢量图形、声音、视频等文件的容器,方便在制作过程中随时调用。每一种不同的素材在"库"面板中都会以不同的图标显示,这样便于识别出不同的库资源。

(3)将图片"pic_1"从库中拖入舞台"图层 1"中,激活图层,单击"窗口"→"对齐",勾选"与舞台对齐"并进行水平与垂直的居中对齐,如图 7-3-6 所示。

(4)回到时间轴面板,双击"图层 1",更改图层名称为"pic_1",如图 7-3-7 和图 7-3-8 所示。

(5)新建图层并更改图层名称为"mask"(见图 7-3-9)。单击工具栏中的"矩形工具"，并在下方"颜色填充"中将笔触颜色设置为　,填充颜色为白色,Alpha 值为"60%"(见图 7-3-10),在舞台中绘制矩形(见图 7-3-11)。

图 7-3-6　设置图层 1 中图片与舞台对齐

图 7-3-7　更改图层名称一

图 7-3-8　更改图层名称二

图 7-3-9　新建图层并更改图层名称

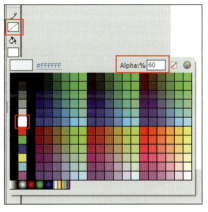

图 7-3-10　设置颜色

图 7-3-11　绘制矩形

（6）右键单击"mask"图层第 15 帧，在弹出菜单中选择"插入关键帧"（快捷键 F6），如图 7-3-12 所示。

（7）选中第 1 帧中的矩形对象，在填充面板中将其颜色 Alpha 值设置为 0（见图 7-3-13）。选中第 15 帧中的矩形，将其 Alpha 值设置为 60％。

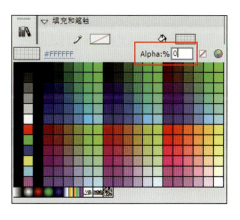

图 7-3-12　插入关键帧

图 7-3-13　设置矩形 Alpha 值为 0

(8)开始制作白色矩形块由无到有的渐显过程。选取第 1 帧和第 15 帧之间任意一帧,在菜单栏中选择"插入"→"补间形状"(见图 7-3-14);或者右键单击其中任意一帧,在弹出菜单中选择"创建补间形状"(见图 7-3-15)。完成后效果图如图 7-3-16 所示。

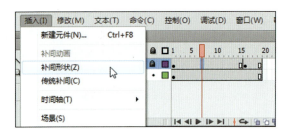

图 7-3-14 插入补间形状

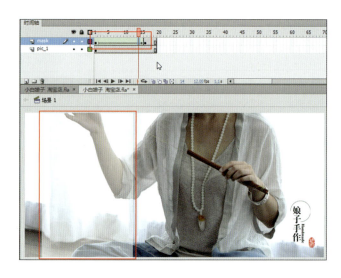

图 7-3-15 创建补间形状

图 7-3-16 完成补间形状的制作

备注:Flash 动画制作中补间动画分两类:一类是补间形状,用于形状的动画,状态为 ▬▬▬;另一类是传统(动画)补间,用于图形及元件的动画,状态为 ▬▬▬。

(9)再次新建图层,并且更改图层名为"text_1"(见图 7-3-17)。激活该图层,切换到"文本工具" T,在舞台中输入广告文本(见图 7-3-18)。激活舞台中的文本(见图 7-3-19),在文本面板中调整文本属性,设置如图 7-3-20 所示。紧接着输入余下文本,并且调整文本字号、字体及颜色,如图 7-3-21 所示。

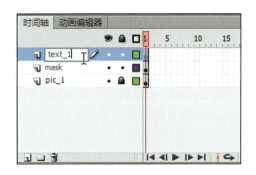

图 7-3-17 再次新建图层

图 7-3-18 在舞台中输入文本

图 7-3-19 激活文本   图 7-3-20 调整文本属性   图 7-3-21 文本最终效果

(10)在文本内容确定后,为了保证文档中所使用的字体可在所有状态下正常显示,必须对文本进行处理,即去掉文本的文本属性,将它们转换为"形状"状态,具体方法如下。

- 切换到"选择工具" ,激活图层"text_1"中的所有文本。
- 右键单击文本,在弹出菜单中选择"分离"(见图7-3-22),依旧保持文本的激活状态,现在的分离让文本分离成单个字母状态,并没有成为"形状"状态(见图7-3-23)。进行二次"分离",分离后的状态为图7-3-24所示的点状。

图7-3-22　分离　　　　　　　图7-3-23　第一次分离状态　　　　　图7-3-24　点状

(11)激活图层"text_1"中的所有内容,在菜单栏中选择"插入"→"新建元件"(快捷键"Ctrl+F8"),弹出"转换为元件"对话框,更改元件名称为"text_1",文件类型为"图形"(见图7-3-25)。

图7-3-25　新建"图形"元件

备注:在Flash中,元件一共有三种,分别是影片剪辑、图形和按钮。

影片剪辑元件:可以创建能够重复使用的动画片段。影片剪辑拥有各自独立于主时间轴的多帧时间轴,它们可以包含交互式控件、声音甚至其他的影片剪辑。也可以将影片剪辑放在按钮元件的时间轴内,以创建动画按钮。此外,可以使用ActionScript编程语言对影片剪辑进行重新定义。

图形元件:可用于静态图像,并可用来创建连接到主时间轴的能够重复使用的动画片段,图形元件与主时间轴同步运行。交互式控件和声音在图形元件的动画序列中不起作用。

按钮元件:可以创建用于响应鼠标单击、划过或其他动作的交互式按钮。可以定义与各种按钮状态关联的图形,然后将动作指定给按钮实例。

(12)在时间轴面板中将图层"text_1"中的第1帧拖放至第10帧,并将舞台中的"text_1"图形元件同时移动到舞台上方、画面以外(见图7-3-26)。

(13)同一图层在第25帧处插入关键帧,将文字移至画面中(见图7-3-27)。

图7-3-26　将文字移至画面以外

图7-3-27　将文字移至画面中

(14)制作文字由上至下移入舞台效果。右键单击时间轴面板中图层"text_1"第10帧至第25帧中任意一帧,在弹出菜单中选择"创建传统补间"(见图7-3-28),完成此步动画的制作。

(15)采用同样的办法,制作二维码由下至上淡入画面的动画过程,保证节奏与文字进入相同,都在第10至25帧之间完成动作(见图7-3-29),并按"F5"将所有图层的帧延长至第60帧。

做到这里,第一则广告画面动作已经完成,再开始制作由第一则广告画面到第二则广告画面的过渡,直至第二则广告完全呈现在场景中。

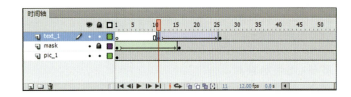
图7-3-28　创建传统补间

图7-3-29　制作二维码由下至上淡入画面的动画过程

(16)新建"pic_2图层",并将关键帧拖至第60帧,将"库"中"pic_2.jpg"图片文件拖入场景,并将其转换为图形元件,命名为"pic_2"。

开始设置第60帧至第80帧的动画,此时要做的是使第二则广告渐渐从无到有地出现在场景中。

将第60帧上的pic_2图形元件选中,在元件的属性面板中,找到"色彩效果"中的"样式",将元件的Alpha值设置为0(见图7-3-30),此时元件"pic_2"呈现完全透明状态。

(17)在第80帧设置关键帧,在属性面板中再将元件"pic_2"的Alpha值还原为100%。回到时间轴,将第 60 至 80 帧的动画设置为传统补间动画。第二则广告从无到有逐渐呈现在场景中(见图 7-3-31)。

(18)由于第二则广告画面的出现,广告文字也需要进行替换。切换到"text_1"图层,第 60 帧至第 80 帧设置传统补间动画,将图形元件"text_1"向上移出画面(见图 7-3-32)。

(19)再次新建图层,命名为"text_2",放置在"text_1"下,并将其关键帧拖至第 60 帧,切换到文字输入工具，输入文字,并将其转换为图形元件,命名为"text_2"(见图 7-3-33)。

图 7-3-30　设置"pic_2"为透明

图 7-3-31　"pic_2"完全呈现

图 7-3-32　"text_1"向上移出画面

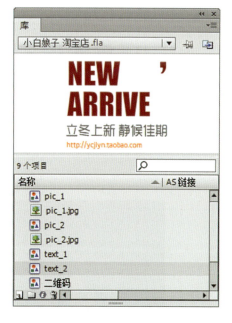

图 7-3-33　"text_2"图形元件

(20)在图层"text_2"的第 60 至 80 帧使用传统补间动画,设置"text_2"图形元件由场景上方划入场景中,步骤与第(14)步相同,最终效果如图 7-3-34 所示,当然同样要注意文字的"分离"。

(21)至此一步,第二则的广告替换完毕。二维码图层保持不动,白色矩形块可以跟随文字的更替制作一个从无到有、再从有到无的过程。由于白色的矩形没有转换成图形元件,还是"形状"属性,所以依旧使用"补间形状"制作动画过程即可。

(22)由于网络广告是一个循环播出的过程,为了保证广告播放的流畅性,需要在第二则广告正常播出一段时间后,流畅地循环到第一则广告画面。因此,所有图层的第115帧到第125帧都制作了一个划出或淡出画面的动作。画面最后一帧仅剩"pic_1"图层,此图层从始至终都没有任何动画动作。具体过程在这里就不再赘述,如图7-3-35所示。整个动画过程制作完毕。

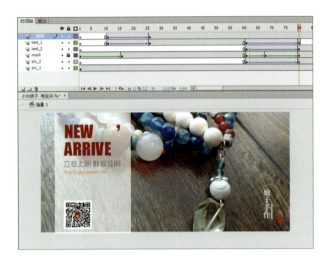

图 7-3-34　最终效果

图 7-3-35　具体过程

第四节　项目案例三:《腾龙战记》网游广告

随着网络游戏的迅速发展,网游广告在网络广告的发布中所占有的比例呈逐年上升的趋势。网络游戏凭借互动体验、全感参与、在线交流等优势正迅速发展成为互联网中新的业务增长点,网游广告的广告商也借此获利颇丰。《腾龙战记》网游广告如图7-4-1所示。

图 7-4-1　《腾龙战记》网游广告

1. 客户要求

客户：点指唯峰传媒有限公司。

主题内容：穿越题材的网游广告。

客户要求：在网游广告设计中，要求能够准确地体现出游戏的定位和主题，找准玩家定位，主题明确突出，制作精美，富有代入感，起到宣传和扩大公司知名度的作用。

客户要求制作一个小型的网络广告，这就需要在构思时，既要考虑表现出游戏的特点和内涵，又要考虑大众心理上的感受，使人们能够接收信息，并能够对该游戏留下一个良好的印象。

设计思路：本游戏是古代穿越题材网游，主题既有打斗又有爱情，因此网游图片需要既有古典韵味又霸气外露。在动画的制作上，第一张图片的淡入淡出时间较长，这是因为要和"穿越千年，你准备好了吗？"的文字铺垫契合，图片色彩设定为灰暗。使用遮罩动画的手法完成文字的出现。第二张图片色彩丰富鲜艳，配合的文字是"招募名将，巧遇爱情"。到这里已经开始穿越之旅，所以色彩明亮，过渡较前一个缩短。第三张图片是角色的集合，也是吸引玩家的一个吸睛点，因此迅速入画，冲击眼球。最后，《腾龙战记》游戏名字出场。

2. 设计步骤解析

（1）单击菜单栏的"文件"面板，选择新建文档。

在弹出的对话框中填写宽 350 像素，高 146 像素，帧频 24.00 fps，背景色选择"黑色"，勾选自动保存 10 分钟（见图 7-4-2），单击确定。

（2）单击"文件"→"导入"→"导入到库"，弹出"导入"对话框，将素材文件"腾龙战记 1.jpg""腾龙战记 2.jpg""腾龙战记 3.jpg""腾龙战记 LOGO.jpg"导入库中留用，如图 7-4-3 所示。

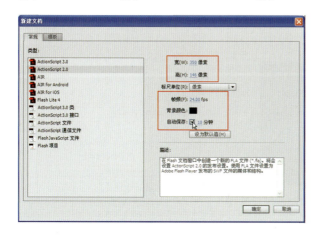

图 7-4-2 "新建文档"对话框

图 7-4-3 导入文件

（3）双击"图层 1"，命名为"图片 1"，将库中"腾龙战记 1.jpg"拖入场景。打开"对齐"对话框，使图片和舞台居中对齐（见图 7-4-4）。本广告预计时间长度为 7 秒，在"图片 1"图层的第 180 帧插入帧。

（4）在舞台上选中图片，单击鼠标右键，在弹出菜单中选择"转换为元件"，将其转换为"图形"元件，将该元件命名为"图片 1"（见图 7-4-5）。

图片的出场设定是渐显的手法，在前面案例中已经介绍。在第 1 帧和第 20 帧处设定关键帧，在"属性"→"色彩效果"→"样式"面板中将第 1 帧中的"图片 1"图形元件的 Alpha 值设定为 0（见图 7-4-6），第 20 帧的 Alpha 值保持 100％不变。

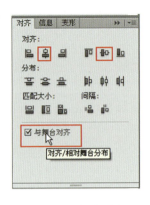 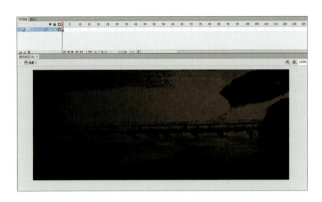 

图 7-4-4　居中对齐　　　　　　图 7-4-5　"图片 1"图形元件　　　　　图 7-4-6　Alpha 值设定

(5)右键单击在第 1 帧至第 20 帧之间的任意一帧,设定传统补间动画(见图 7-4-7)。"图片 1"呈现出逐渐显现的效果。

(6)新建图层,命名为"文字 1"。在时间的设定上文字出现在图片以后,因此,在"文字 1"图层的第 25 帧插入关键帧,切换到工具栏中的"文本工具" ,在场景中输入文字"穿越千年,你准备好了吗?",在属性栏中对文本进行如图 7-4-8 所示设置。效果如图 7-4-9 所示。

(7)将文本"穿越千年,你准备好了吗?"转换为"图形"元件。调整其 Alpha 值为 65%,使之呈现半透明效果,锁定该图层。

(8)在文本图层上方新建图层,右键单击该图层,选择"遮罩层"(见图 7-4-10)。这时新建的图层和"文字 1"图层会变成遮罩层与被遮罩层的关系。

图 7-4-7　设定传统补间动画　　　　　　　　　图 7-4-8　设置文字属性

图 7-4-9　文字效果　　　　　　　　　　　图 7-4-10　新建遮罩层

备注：遮罩动画是 Flash 中的一个很重要的动画类型，很多效果丰富的动画都是通过遮罩动画来完成的。在 Flash 的图层中有一个遮罩图层类型，为了得到特殊的显示效果，可以在遮罩层上绘制任意形状的"视窗"，遮罩层下方的对象可以通过该"视窗"显示出来，而"视窗"之外的对象将不会显示。

如图 7-4-11 中橙色矩形为遮罩层，绿色圆形为被遮罩层，锁定两个图层后，可显示出来的就只有橙色矩形遮盖的区域了（见图 7-4-12）。

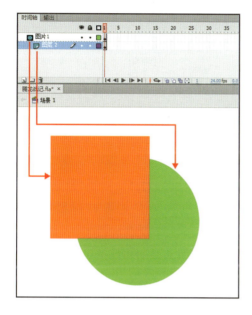
图 7-4-11　遮罩层与被遮罩层

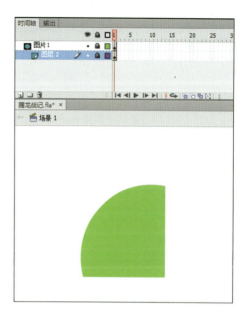
图 7-4-12　遮罩效果

（9）现在要做的文字效果是文字从左到右依次出现。网络广告中文字逐显是最常见的文字效果，用"遮罩"来实现最为便捷。在遮罩层第 25 帧处插入关键帧，使用"矩形工具"绘制出一个矩形，放置在文字前端。由于它起的是遮罩的作用，所以无所谓矩形的颜色。由于要制作形状补间动画，绘制的时候要关闭矩形的外框线，呈"形状"状态。

（10）在遮罩层的第 35 帧插入关键帧，使用"任意变形工具"，拖动右边控制点拉伸矩形，直到覆盖住所有文字，并创建第 25 帧与第 35 帧之间的形状补间动画（见图 7-4-13 和图 7-4-14）。

图 7-4-13　创建形状补间动画一

图 7-4-14　创建形状补间动画二

（11）锁定遮罩层与被遮罩层，拖动时间轴上的播放头，可以在舞台上看到遮罩效果，如图 7-4-15 所示。

（12）文字全部出现以后，为了让文字的视觉效果更加强烈，进行文字闪烁的制作。解除"文字 1"图层的锁定，在第 35、40、44、46 帧分别插入关键帧，将第 40 帧上的文字元件 Alpha 值设定为 100%，第 44 帧上的文字元件 Alpha 值设定为 50%，第 46 帧上的文字元件 Alpha 值设定为 100%，并创建传统补间动画（见图 7-4-16）。

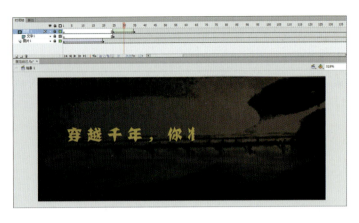

图 7-4-15 "文字 1"遮罩效果

图 7-4-16 创建传统补间动画一

(13)接下来制作第二张图片的替换。这里两张图片的交替做法与项目案例二中所提及的手法类似。在"图片 1"图层下方新建图层,命名为"图片 2"。

(14)第 63 帧插入关键帧,从库中将"腾龙战记 2.jpg"放置到舞台上,对齐。转换"腾龙战记 2.jpg"为图形元件,设定 Alpha 值为 0;在第 80 帧插入关键帧,Alpha 值设定为 100%,创建第 65 帧至 80 帧之间的传统补间动画(见图 7-4-17)。

(15)回到"文字 1"图层,在第 60、65 帧设定关键帧,设定第 65 帧上文字元件 Alpha 值为 0,并创建传统补间动画,完成文字从有至无的过程,为第二段文字的出现让开位置。

(16)创建一个新图层,命名为"文字 2",在第 84 帧插入关键帧,输入"招募名将,巧遇爱情"(见图 7-4-18),并将其转换成图形元件,文字属性与"文字 1"相同,此处不再赘述,完成以后,锁定该图层。

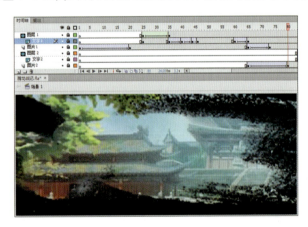

图 7-4-17 创建传统补间动画二   图 7-4-18 输入文字 2

(17)在"文字 2"图层上方新建遮罩层,依照前面所讲的方法,制作一段形状补间动画,让文字依次出现,遮罩动画的时间长度控制在 15 帧以内,如图 7-4-19 所示。

(18)在第 115 与 120 帧插入关键帧,并将第 120 帧上的"文字 2"图形元件的 Alpha 值设定为 0,创建传统补间动画。"图片 2"制作相同效果一起消失,完成场景中仅剩背景黑色,锁定这两个图层,如图 7-4-20 所示。

(19)主要角色准备进入画面。在"图片 2"图层下方新建图层"图片 3",第 120 帧插入关键帧,将"库"中的"腾龙战记 3.jpg"拖曳到舞台中,转换为图形元件并命名为"主要角色"。

图7-4-19 "文字2"遮罩效果

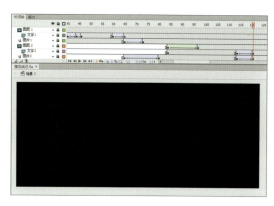
图7-4-20 锁定图层

(20)"主要角色"入场的动作设定为快速地由大至小嵌入场景。使用"任意变形工具"等比例放大"主要角色"图形元件,设定Alpha值为0,然后在第126帧插入关键帧,调整图片至舞台大小并与舞台居中对齐,还原Alpha值为100%。创建传统补间,完成主要角色快速入画的效果,锁定该图层,如图7-4-21所示。

图7-4-21 主要角色入画

在"图层1"上方新建图层,命名为"腾龙战记"。在第130帧插入关键帧,将库中"腾龙战记LOGO.jpg"文件拖入场景,将其转换为图形元件。在第130帧至138帧之间设定动画过程,与"主要角色"制作手法相同(见图7-4-22)。

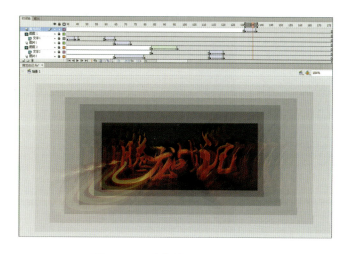
图7-4-22 腾龙战记LOGO入画

(21)在广告最后为了增强效果,设定了一个"腾龙摆尾"的动作,光球沿着"龙"摆动。此处使用了Flash一个非常重要的技巧——引导层动画来制作。

备注:引导层动画可以实现运动对象沿设定路径运动,由引导层与被引导层组成。其中引导层绘制运动路径,被引导层放置运动对象(组、元件、文本等)。

(22)在"腾龙战记"图层上方新建图层,命名为"光"。在第142帧插入关键帧。单击工具栏的"椭圆工具" ◯,关闭轮廓线。按住键盘上的"Shift"键绘制出一个正圆,放置在"腾龙战记"的"龙"字的顶端。

(23)选中该正圆,单击"窗口"→"颜色",打开颜色面板,设定"径向渐变"(见图7-4-23)。

将默认的由黑到白渐变色(见图7-4-24)进行调整。选中已经变成由黑到白渐变的正圆,再次单击"颜色"面板,设定渐变条下方两端色彩。左边控制点设置如图7-4-25所示,Alpha值为100%;右边设定为白色,Alpha值为0。这样,光球的放射状为由黄至白、由有至无的黄色光晕(见图7-4-26)。

图 7-4-23 设定"径向渐变"

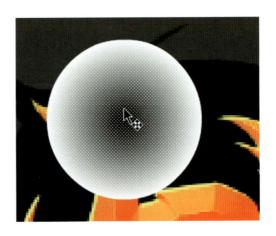

图 7-4-24 由黑到白渐变色

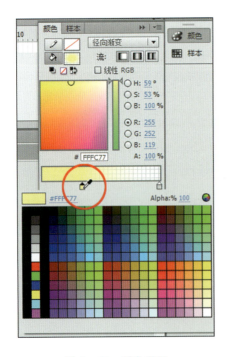

图 7-4-25 颜色设置

图 7-4-26 黄色光晕

(24)将该正圆光晕选中,转换为图形元件,命名为"光"。将第 140 帧上的"光"元件设定为完全透明。在第 145 帧插入关键帧,将"光"元件的 Alpha 值还原为 100%,并移动位置至"龙"字一撇的中间位置。

(25)设计效果是"光"渐渐顺着龙尾出现,到了尾巴部位变亮后消失。由于这一撇落笔的时候颜色深,提笔的时候颜色浅,所以光斑出现的时候完全透明,在这一笔变成浅色时光斑颜色变深比较合适。因此,第 145 帧上的"光"元件可以移动到这一笔深浅变化的交接处(见图 7-4-27)。

(26)在第 155 帧插入关键帧,将"光"元件移动到尾巴尖上(见图 7-4-28)。

图 7-4-27　交接处

图 7-4-28　移动到尾巴尖上

(27)在第 160 帧插入关键帧,单击工具栏的"任意变形工具" ,将"光"元件等比例放大(见图 7-4-29)。

(28)在第 162 帧插入关键帧,再将"光"元件等比例缩小,并在属性面板中将其 Alpha 值设为 0%(见图 7-4-30)。

图 7-4-29　等比例放大

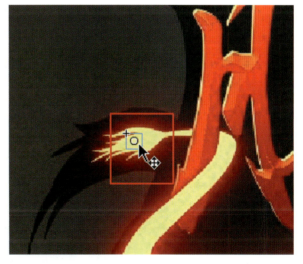
图 7-4-30　等比例缩小

(29)此时的元件只能呈直线运动,想要实现元件沿着设定路径走,就需要用到引导层。右键单击"光"图层,在弹出菜单中选择"添加传统运动引导层"(见图 7-4-31)。

(30)激活引导层,单击工具栏中的"铅笔工具",绘制弧线,可用"选择工具"调节,最后沿着"龙"字的一撇画出线段,锁定引导层(见图 7-4-32)。

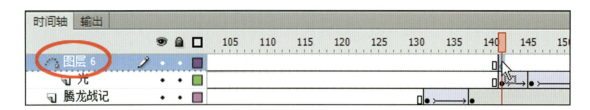

图 7-4-31　添加引导层

（31）要让引导线发挥作用，被引导层上的"光"元件的中心点必须放置在引导线上。放大图像，检查"光"元件的中心有没有放置在引导线上（见图 7-4-33）。可以使用"任意变形工具"调节中心点。

图 7-4-32　绘制引导线　　　　　　　　　图 7-4-33　检查元件中心是否在引导线上

（32）在"光"图层创建传统补间，完成本图层动画的制作，锁定该图层（见图 7-4-34）。

（33）这个广告的制作到此为止，延长所有图层的最后一帧至第 180 帧，让动画最后的状态在画面中有个短暂的停留，否则结束会很仓促，同时也起到了强调游戏名的作用。

（34）在菜单栏选择测试影片，测试最终的广告效果。

图 7-4-34　锁定"光"图层

第五节
项目案例四:《闯堂兔 2》电影上映预告广告

"闯堂兔"系列电影是武汉玛雅动漫有限公司投资拍摄的国内为数不多的独立制作的精品 3D 动画电影。该片获得中国动画学会颁发的 2010 年首届中国十大卡通形象入围奖。

在《闯堂兔》2010 年成功上映的基础上,《闯堂兔 2》又与观众见面。编者非常荣幸地作为主创人员之一并承接该影片的网络广告设计制作及发布工作。《闯堂兔 2》电影上映预告广告如图 7-5-1 所示。

图 7-5-1 《闯堂兔 2》电影上映预告广告

1. 客户要求

客户:武汉玛雅动漫有限公司。

主题内容:《闯堂兔 2》电影上映预告。

设计思路:本广告为电影上映预告广告,需要在短暂的时间里呈现电影名字、主要角色等众多元素,所以要求表现简洁快速。广告开始并无太多复杂元素,直接快速突出电影名字,让观众留下深刻印象。继而陆续出现主要角色,简短完成整个广告的制作。在此案例中使用了 Flash 软件中"影片剪辑"元件格式的滤镜效果来表现各角色出现的速度感。

前期收集素材,在 Photoshop 软件中将电影片名及主要角色进行处理。根据广告尺寸将其处理成适合网络广告设计所需尺寸,并将背景全部去除,保存为透明背景 PNG 格式,如图 7-5-2 所示。

2. 设计步骤解析

(1)启动 Flash CS6 软件,新建 ActionScript 2.0 文档,设置文档尺寸为宽 300 像素,高 250 像素,24 fps 帧频,如图 7-5-3 所示。

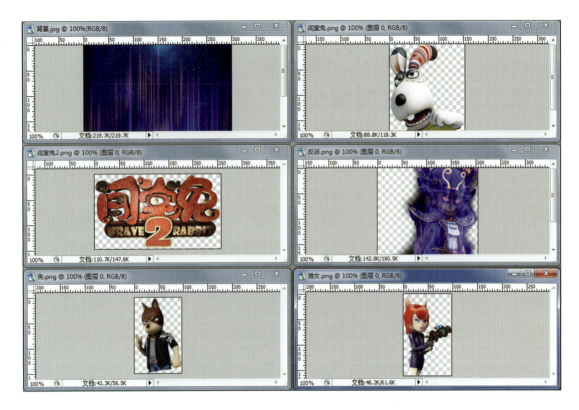

图 7-5-2 素材处理

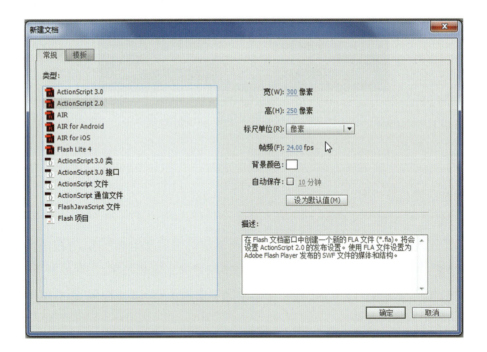

图 7-5-3 新建文档

(2)打开素材文件并全部入"库"备用。

(3)激活"图层 1",重新命名为"背景",将"库"中位图"背景"调入场景中,打开"对齐"面板,与舞台水平、垂直居中对齐(见图 7-5-4)。

(4)新建图层,命名为"《闯堂兔 2》",将"库"中位图"闯堂兔 2"调入场景,转换位图为"影片剪辑"元件,命

图 7-5-4　背景对齐

名为"《闯堂兔 2》"。

（5）开始制作《闯堂兔 2》片名华丽的入场。在"《闯堂兔 2》"图层中的第 1、10、15 帧处分别设置关键帧，在这 3 个关键帧上将影片剪辑元件放置在不同的位置（见图 7-5-5）。此时由于三个关键帧中的文件类型是"影片剪辑"，所以它们之间使用传统补间动画（见图 7-5-6）。

第 1 帧，影片剪辑"闯堂兔 2"放置在场景以外，在工具栏中找到"任意变形工具"，将其缩小二分之一，并同时在"属性"面板中设置其"色彩效果"的 Alpha 值为 0。

第 10 帧，影片剪辑"闯堂兔 2"划入场景内，图片略微放大。

第 15 帧，影片剪辑"闯堂兔 2"放大布满整个场景，置于场景正当中。

（6）网络动画广告中所有的元素都是在时间中运行，要保证浏览者每一个元素都看得清楚，就必须在每一个元素出场后做短暂的停留。因此，延长帧至第 35 帧，保证中间 20 帧场景画面没有变化。

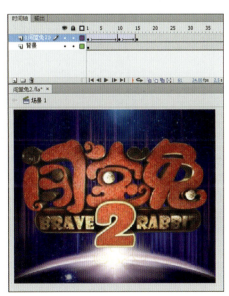

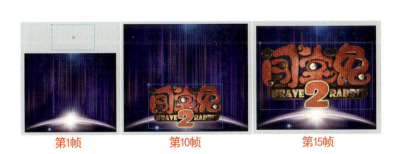

图 7-5-5　不同的位置　　　　　　　　　　　　　　　图 7-5-6　片名划入场景

(7)《闯堂兔2》片名闪亮登场后,各主要角色就要陆续出场了,那么在这之前就要将舞台中间的位置让出。激活"《闯堂兔2》"图层,在第35帧、40帧、45帧处设置关键帧。

(8)选中第40帧上的"闯堂兔2"影片剪辑,在"属性"面板中设置"滤镜"的Y轴模糊15像素,如图7-5-7所示。

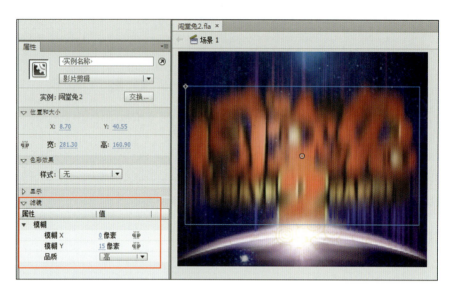

图 7-5-7　设置滤镜参数

备注:滤镜是Flash 8.0以后增设的功能,使用滤镜可以为文本、按钮和影片剪辑元件增添视觉效果。例如模糊、投影等,也可以混合应用多种效果。应用滤镜后,可以随时改变它的各选项值,或者调整滤镜添加的顺序,以生成不同效果。

(9)选中第45帧中的影片剪辑,设置"属性"面板中"色彩效果"Alpha值为0,电影片名消失在场景中,如图7-5-8所示。

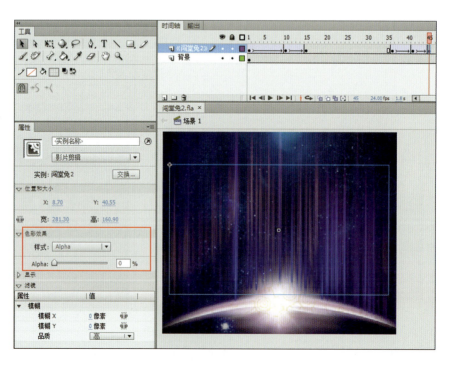

图 7-5-8　片名消失

(10)电影主要角色陆续登场。新建图层,命名为"闯堂兔",在第 50 帧处插入关键帧,调入"库"中"闯堂兔"位图,并将其设置为影片剪辑,"属性"面板中设置"色彩效果"Alpha 值为 50%。第 53 帧处插入关键帧,将其 Alpha 值还原为 100%,使用传统补间动画完成"闯堂兔"渐显动画过程(见图 7-5-9)。

图 7-5-9　闯堂兔登场

(11)为了让主角的登场更加闪亮,在这里利用前面案例中学习的逐帧动画,实现闯堂兔多次闪白的呈现效果。

激活"闯堂兔"图层,在该图层的第 56、58、59、61、62 帧上按"F6"键插入关键帧。设置第 58、61 帧中的影片剪辑元件、"属性"面板中"色彩效果"的"色调"值,如图 7-5-10 所示。

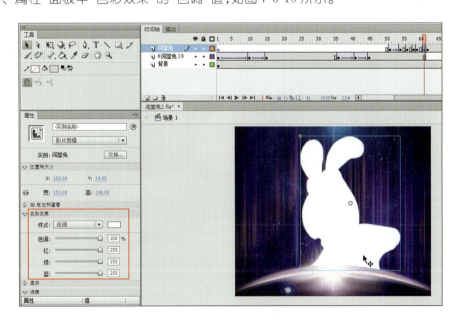

图 7-5-10　闯堂兔闪现效果

(12)配角出场。新增两个图层并将图层分别命名为"猫女"和"狗"。因为猫女和狗是站在闯堂兔后面,所以这两个图层需放置在"闯堂兔"图层下。

(13)将"库"中对应的配角分别拖入相应图层,并转换为"图形"元件(见图 7-5-11)。

图 7-5-11 配角出场

(14) 为了呈现猫女和狗依次出现的效果，"猫女"图层的关键帧拖至第 56 帧，"狗"图层的关键帧拖至第 58 帧。并分别用 5 帧通过设置"色彩效果"Alpha 值制作角色从无到有的渐显过程（见图 7-5-12）。至此正面角色全部登场。

图 7-5-12 渐显过程

(15) 反派角色阴暗现身。新建图层，命名为"反派"，在第 85 帧处设置关键帧。将"库"中位图"反派"拖至场景中，放置在"狗"图层下（见图 7-5-13）。

(16) 为了营造反面角色的性格，将第 85 帧中的"反派"图形元件 Alpha 值设置为 35％，并将其放大至场景以外，如图 7-5-14 所示。

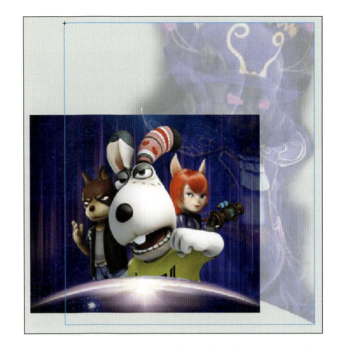

图 7-5-13 "反派"图层　　　　图 7-5-14　放大"反派"元件

（17）第 90 帧处设置关键帧，缩小"反派"元件至合适大小，元件 Alpha 值设置为 75%。同时，"滤镜"面板中设置模糊 X 为 5 像素，模糊 Y 为 15 像素，如图 7-5-15 所示。

图 7-5-15　模糊一

（18）第 95 帧处设置关键帧，设置元件 Alpha 值为 45%。同时，"滤镜"面板中设置模糊 X 为 15 像素，模糊 Y 为 0 像素，如图 7-5-16 所示。

（19）第 98 帧处设置关键帧，设置元件 Alpha 值为 100%。同时，"滤镜"面板中设置模糊 X 为 0 像素，模糊 Y 为 0 像素。使用传统补间动画完成由第 85 帧至 98 帧的全部动画过程，反派出现（见图 7-5-17）。

（20）接下来，武汉玛雅动漫有限公司标志呈现。将背景及各角色图层的帧延长。新建图层，命名为"玛

图 7-5-16　模糊二

图 7-5-17　反派出现

雅动漫",第 110 帧处设置关键帧,将处理好的公司标志拖入画面,将其转换成"图形"元件,命名为"玛雅",设置元件 Alpha 值为 0,并将标志放大至场景 2 倍(见图 7-5-18)。

第 118 帧处设置关键帧,缩小"玛雅"图形元件至场景大小,恢复 Alpha 值为 100%。设置第 110 帧至 118 帧之间动画过程为传统补间动画(见图 7-5-19)。

(21)到这一步,全部的动画过程已经完成。为了动画循环播出的流畅还需进行后续工作。

(22)除了"《闯堂兔 2》"图层以外,其他全部图层延长帧至第 150 帧。

图 7-5-18　标志放大

(23) 将"玛雅动漫""闯堂兔""猫女""狗""反派"这几个图层中的元件利用第 145 帧至 150 帧通过设置 Alpha 值制作元件的渐隐效果(见图 7-5-20)。

(24) 最后场景中仅余下"背景"。完成全部动画过程。

图 7-5-19　公司标志呈现

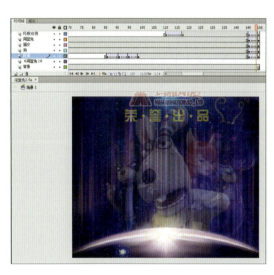

图 7-5-20　渐隐效果

参考文献
References

[1] 白光泽,李冬影,张程. 广告设计[M]. 武汉:华中科技大学出版社,2013.

[2] 殷辛,段芸,陈逢华. 网页设计[M]. 武汉:华中科技大学出版社,2013.

[3] 谢成开,王波. 网络广告设计与制作[M]. 北京:清华大学出版社,2005.